Kerstin Erlacher

Jonglierbuch für Kinder

Kerstin Erlacher

gibt seit vielen Jahren Jonglierkurse für Kinder und Erwachsene. Im Hauptberuf ist sie Grund- und Hauptschullehrerin.

Jonglierbuch für Kinder

RAVENSBURGER BUCHVERLAG

Mit Bildern von Ekkehard Drechsel

Originalausgabe
als Ravensburger Taschenbuch
Band 3014
erschienen 1996
Erstmals in den Ravensburger
Taschenbüchern erschienen 1993
(als RTB 1881)

Umschlagillustration: Foto von Ernst Fesseler,
unterstützt von der Gruppe Pepperoni, Weingarten

 RTB-Reihenkonzeption:
Heinrich Paravicini, Jens Schmidt

**Gesamtherstellung: Clausen & Bosse, Leck
Printed in Germany**

6 5 4 3 2   01 00 99 98 97

ISBN 3-473-53014-X

SACHBUCH

INHALT

Jonglieren kann jeder lernen. Und wenn du ungefähr zehn Jahre alt bist, kannst du in diesem Buch nachlesen, wie es funktioniert. Du wirst manchmal zum Üben etwas Geduld und Ausdauer brauchen, aber es lohnt sich.

Jonglieren heißt nicht nur, alle möglichen Gegenstände in die Luft zu werfen und wieder zu fangen. Das Balancieren, das Tellerdrehen und das Diabolospiel gehören ebenfalls dazu.

In dem Buch findest du das Jonglieren mit Tüchern, Bällen und Ringen, das Tellerdrehen, das Balancieren, das Spielen mit dem Diabolo und das Balancieren auf dem Rola-Brett. Einige Dinge, zum Beispiel das Jonglieren mit Fackeln, Cigar-Boxes oder dem Devilstick, fehlen. Diese Jongliergeräte wurden aber nicht vergessen, sondern weggelassen, weil sie in der Anschaffung teuer sind oder das Jonglieren mit ihnen sehr schwer oder sogar gefährlich ist. Falls du dich nach diesem Buch trotzdem dafür interessierst, kannst du in Jonglierbüchern für Erwachsene darüber nachlesen.

Du mußt dieses Buch nicht von der ersten bis zur letzten Seite durcharbeiten. Doch innerhalb eines Kapitels solltest du dich an die Reihenfolge halten, da oft eine Übung auf die vorhergehende aufbaut.

Bei den einzelnen Kapiteln und Übungen siehst du verschiedene Zeichen, die dir den Schwierigkeitsgrad der Übung angeben:

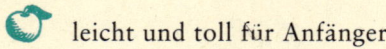 leicht und toll für Anfänger.

etwas schwerer. Du mußt schon etwas üben,
bis es klappt.

noch ein bißchen schwerer, aber mit Geduld
und Spucke schaffst du diese Übungen auch.

Diese Zeichen sollen dir eine kleine Hilfe sein. Laß dich
aber nicht von ihnen abschrecken, eine ◑-Übung zu probieren. Es könnte nämlich sein, daß dir eine ◑-Übung
leichter fällt als eine ◐- oder ◓-Übung.

Es ist beim Jonglieren übrigens egal, ob du Rechts- oder
Linkshänder bist. Beide Hände werden gebraucht. Doch
manchmal ist es praktischer, etwas zuerst mit der »besse-
ren« Hand zu lernen. Das ist bei Rechtshändern meistens
die rechte Hand, bei Linkshändern die linke. Welche Hand
es bei dir ist, mußt du ausprobieren.

Die Übungen sind für
Rechtshänder beschrieben.
Ist deine bessere Hand
aber die linke, ersetzt du in
den Übungen die rechte
Hand durch die linke.
Wichtig! Die Texterklärun-
gen beschreiben alle Bewe-
gungsabläufe so, wie *du*
sie siehst und machst, aber
die Zeichnungen zeigen
einen Ablauf so, wie sie
ein *Zuschauer* sehen würde!

Hier noch ein paar Tips,
die das Jonglieren erleichtern:

- Am besten suchst du dir einen Freund oder eine Freundin, der oder die auch jonglieren lernen will. Gemeinsam macht das Üben mehr Spaß, und ihr könnt euch gegenseitig helfen. Vielleicht gibt es in der Nähe deines Wohnorts auch einen Jonglierkurs.
- Mit Musik geht alles besser! Laß zum Üben Musik laufen, denn der Rhythmus der Musik wird dir helfen, deinen Jonglierrhythmus zu finden. Langsamere Musik ist für Tücher besser geeignet, schnellere für Bälle, Ringe und das Diabolo. Hast du keinen Kassettenrecorder? Das macht nichts, ein Radio tut's auch.
- Du solltest beim Jonglieren bequeme Kleidung tragen, damit du dich frei bewegen kannst.
- Übe so oft und so lange du Lust hast. Am besten jeden Tag ein bißchen. Das bringt mehr als stundenlanges Üben einmal in der Woche. Meistens kann man sich gar nicht so lange konzentrieren und verkrampft seinen Körper. Zum Jonglieren müssen die Muskeln jedoch ganz locker sein.
- Bevor du einen Nervenzusammenbruch bekommst, weil nichts klappt, leg dein Jongliergerät für ein paar Minuten zur Seite. Mache zwischendurch etwas anderes, denn mit verkrampften Armen und Händen geht gar nichts. Lies später die Anleitungen noch einmal genau durch und versuche es aufs neue. Auf einmal macht's »klick«, und du hast es kapiert.
- Bleibt der »Klick« aus, wende dich, wenn möglich, an jemanden, der schon jonglieren kann. Bitte ihn, dir zuzuschauen und dann zu sagen, was du falsch machst. Denn sehr oft merkt man selber nur, daß es nicht funktioniert, kann aber allein nicht feststellen, an was es liegt.

– Wenn du mit einem Jongliergerät oder einem Trick überhaupt nicht glücklich wirst, wage dich einfach an ein anderes Kapitel im Buch. Es gibt zum Beispiel wahre Meister im Diabolospiel, die aber mit Bällen überhaupt nicht zurechtkommen.

Das sind übrigens Jojo und Trixi. Sie werden mit dir jonglieren und dich durch das Buch begleiten. Und Trixi kann schon jonglieren und wird euch zeigen, wie's geht.

Jonglieren mit Tüchern

Tücher eignen sich besonders gut, um mit dem Jonglieren anzufangen. Da sie sehr leicht sind, fliegen sie langsamer und sind leichter zu fangen als Bälle. Außerdem sieht es ganz toll aus, wenn die bunten Tücher durch die Luft fliegen.

Du brauchst:
- drei 30 × 30 cm große Nylontücher, die es in Jonglierläden oder Modegeschäften zu kaufen gibt. Ein Tuch kostet ungefähr 3,– DM.

Such dir drei verschiedene Farben aus, damit du die Tücher beim Jonglieren besser unterscheiden kannst. Leider haben die Tücher einen Nachteil: Schon ein leichter Wind bläst sie dir durcheinander. Daher übst du am besten in der Wohnung oder bei absoluter Windstille.
Und so hältst du ein Tuch: Du nimmst es in der Tuchmitte mit Daumen, Zeige- und Mittelfinger. Der Handrücken zeigt nach oben.

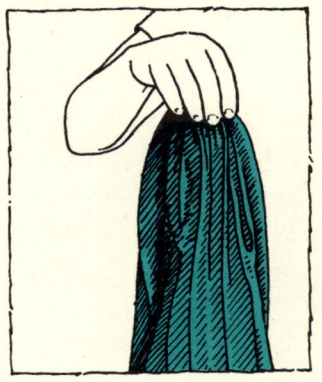

Sieht aus wie ein kleines Gespenst, oder?

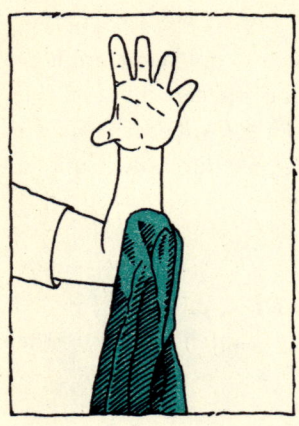

Du hältst dein Tuch wie ein
Gespenst (siehe Seite vorher). Du wirfst es aus dem
Handgelenk nach oben,
als ob du winken würdest,
und läßt es losfliegen.
Um es wieder einzufangen,
krallst du danach. »Krallen«
nennt man beim Jonglie-
ren die Art, einen Gegen-
stand mit dem Handrücken
nach oben zu fangen.

Nun laß dein Gespenst hoch in die Luft flattern oder unter
deinem Fuß durchschweben. Wirf es hoch und klatsche in
die Hände. Oder puste das Tuch in die Luft und versuche
dich einmal zu drehen, bevor du es wieder einfängst. Was
fällt dir sonst noch ein? Probiere alles einmal mit der
rechten und einmal mit der linken Hand.

Seid ihr zu zweit oder mehr Kinder, könnt ihr einen Gespenstertanz machen: Ihr stellt euch im Kreis auf. Im Takt eines Liedes werfen alle gleichzeitig ihr Tuch mit der rechten Hand hoch. Beim dritten Hochwerfen macht jeder einen Schritt nach rechts und fängt das vom Nachbarn geworfene Tuch.

Mehr Bewegung kommt ins Spiel, wenn ihr euch nebeneinander in einer Reihe aufstellt. Beim dritten Hochwerfen machen alle wieder einen Schritt nach rechts. Aber der »Rechtsaußen« hat nun kein Tuch mehr. Also läuft er ganz schnell hinter den anderen auf die andere Seite. Dort angekommen, muß er versuchen, das herrenlose Gespenst einzufangen, bevor es den Boden berührt.

Wenn euch das Spiel so zu langweilig wird, könnt ihr Drehungen, Klatscher und vieles mehr einbauen. Oder ihr macht bei jedem Wurf einen Schritt nach rechts. Oder jeder nimmt in jede Hand ein Tuch. Das wären dann die schnellen Turbovarianten!

Nachdem du ein paar Sachen ausprobiert hast, weißt du nun, wie sich das Tuch werfen und fangen läßt. Jetzt lernst du den Grundwurf des Jonglierens kennen.

Halte das Tuch wie gewohnt in der rechten Hand ungefähr in Bauchhöhe. Bewege die Hand schräg nach links oben und wirf das Tuch so hoch du kannst.

Kralle dir das Tuch mit der linken Hand, wenn es wieder herunterkommt. Die Hand geht dabei nach unten, damit du das Tuch nachher wieder mit Schwung hochwerfen kannst.

Bewege nun die linke Hand schräg nach rechts oben und wirf.

Kommt das Tuch herunter, krallst du es mit der rechten Hand. Der Punkt, an dem das Tuch nicht mehr höher fliegt, sondern sich auf den Weg nach unten macht, nennt man den Höhepunkt.

Das Tuch folgt einer Bahn, die wie eine liegende Acht aussieht. Die beiden Höhepunkte sollten dabei immer gleich hoch sein. Klappt diese Übung? Dann geht es mit zwei Tüchern weiter.

Du hast in jeder Hand ein Tuch. Wirf zuerst das Tuch mit der rechten Hand nach links oben. Ist es an seinem Höhepunkt angekommen, wirfst du das zweite Tuch mit der linken Hand schräg nach rechts oben zum zweiten Höhepunkt.

Wenn du die Tücher loswirfst, sagst du am besten laut »werfen – werfen« oder die Farben der Tücher, z. B. »rot – grün«.

Fange zuerst das erste Tuch mit der linken Hand, dann das zweite mit der rechten. Die Tücher haben jetzt ihren Platz vertauscht.

Achtung! Das Tuch wird nicht von der Hand gefangen, die es geworfen hat. Wenn du die Tücher fängst, sagst du wieder ganz laut »fangen – fangen« oder »rot – grün«.

Beginne einmal mit der rechten, dann mit der linken
Hand. Geht es mit beiden
Händen gleich gut? Du
solltest zehn Durchgänge
ohne Probleme schaffen.
Dann kannst du zur näch-
sten Übung weitergehen.

Hui, hoi und hei, weiter geht's mit drei – Das Grundmuster mit drei Tüchern

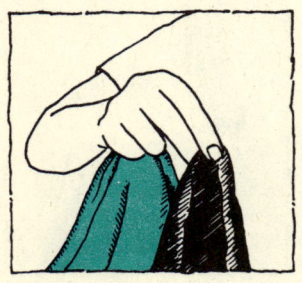

In deiner rechten Hand hältst du zwei Tücher. Eins zwischen Daumen, Zeigefinger und Mittelfinger, das andere klemmst du mit dem kleinen Finger und dem Ringfinger fest. Das dritte Tuch hältst du in deiner anderen Hand.

Die Nummern in der Abbildung zeigen dir die Reihenfolge, in der die Tücher geworfen werden. Wirf Tuch 1 los. Ist es an seinem Höhepunkt, wirf Tuch 2. Mit der nun freien Hand fängst du Tuch 1, wenn es herunterkommt.

Ist Tuch 2 an seinem Höhepunkt angekommen, wirf 3 los. Nun hast du wieder eine Hand frei, um Tuch 2 zu fangen.

Ist Tuch 3 oben, wirf wieder 1 los und fange 3. Dann wieder Tuch 2 … Das Grundmuster wird von den Jongleuren übrigens »Kaskade« genannt.

Sage bei jedem Wurf immer laut »werfen« oder die Farbe des Tuchs, das du gerade loswirfst. Oder zähle laut jeden Wurf. Dies wird dir helfen, deinen Jonglierrhythmus zu finden.

Achtung! Achtung!
Hier kommt eine wichtige Durchsage:

- Alle Tücher werden geworfen, nicht von einer Hand in die andere übergeben!!!
- Vergiß das laute Zählen nicht. Es hilft dir, die Tücher wirklich zu werfen und in den Jonglierrhythmus zu kommen.
- Wirf das nächste Tuch erst los, wenn das vorhergehende an seinem Höhepunkt angekommen ist. Wirft man ein Tuch zu früh los, kommt man aus dem Rhythmus.
- Versuche alle Tücher gleich hoch zu werfen. Werden deine Würfe immer niedriger, wird deine Jonglage hektisch.
- Das Werfen ist wichtiger als das Fangen. Es macht nichts, wenn dir ein Tuch herunterfällt. Zunächst ist es wichtig zu lernen, das Tuch richtig loszuwerfen.
- Auf jeden Fall mußt du immer ruhig bleiben und daran denken, daß du viel Zeit hast, um deine Tücher zu werfen.
- Mache dir bewußt, daß nie mehr als zwei Tücher in der Luft sind, auch wenn man beim Zuschauen meint, es fliegen alle auf einmal.
- Wenn du von einem Muster zehn Würfe hintereinander schaffst, kannst du neue Jongliermuster lernen.

Hilfe! Da ist der Wurm drin!

Bei Jojo gab's trotz der guten Ratschläge ein Kuddelmuddel.

Trixi versucht ihm zu helfen: Wirf die Tücher so gut wie möglich, ohne sie zu fangen. Wenn du sie richtig geworfen hast, müßten sie so vor dir auf dem Boden liegen:

Stimmt's? Dann versuche das erste Tuch zu fangen und wieder zu werfen. Beim nächsten Durchgang versuchst du das erste und das zweite Tuch zu fangen und wieder zu werfen. Und schließlich fange alle Tücher und wirf sie wieder los. Und vergiß nicht, laut zu zählen. Es hilft dir, im Takt zu bleiben.

Trickkiste: Jongliermuster mit Tüchern

Für das Jonglieren mit Tüchern gibt es nicht nur das Grundmuster, das du schon gelernt hast, sondern noch viele andere Jongliermuster. Ein paar sind auf den nächsten Seiten erklärt. Willst du noch mehr Muster lernen, schau im Kapitel »Jonglieren mit Bällen« nach. Die Jongliermuster für Bälle kannst du auch mit Tüchern ausprobieren. Du mußt nur daran denken, daß die Tücher anders als die Bälle gefangen und geworfen werden.

Drehung

Du hältst drei Tücher wie gewohnt. Such dir ein Tuch heraus und merke dir die Farbe, z.B. rot. Das rote Tuch ist nun dein Mustertuch. Das heißt, immer wenn du dieses Tuch in der rechten Hand hast, beginnst du mit ihm dein neues Muster.

Jongliere nun im Grundmuster. Warte, bis das rote Tuch aus der rechten Hand geworfen wird. Wirf es dann besonders hoch und dreh dich einmal ganz schnell um dich selbst. Kommt es wieder herunter, jongliere im Grundmuster weiter.

In die Luft pusten

Jongliere im Grundmuster. Such dir wieder ein Tuch aus, mit dem du das Muster beginnen willst. Wenn dieses Tuch das nächste Mal in der Luft ist, geh einen kleinen Schritt vor, so daß du fast unter dem Tuch stehst. Nun puste das herunterkommende Tuch von unten wieder hoch in die Luft. Kommt es zum zweiten Mal herunter, jonglierst

du im Grundmuster weiter. Du kannst ja versuchen, noch
eine Drehung zu machen, solange das hochgepustete Tuch
noch in der Luft ist. Dazu brauchst du allerdings recht
viel Puste. Bevor du dann mit dem nächsten Muster wei-
termachst, solltest du dich etwas ausruhen.

Hoch das Bein –
Unter dem Bein durchwerfen

1. Schritt

Hebe für dieses Kunststück dein rechtes Bein nach vorne hoch. Wirf ein Tuch mit der rechten Hand unter dem rechten Bein durch und fange es mit der linken Hand. Versuche es auch mit der linken Hand und dem linken Bein.

Die Höhepunkte sind jetzt natürlich niedriger als beim normalen Grundmuster. Du mußt nur beachten, daß du deswegen weniger Zeit zum Fangen hast.

2. Schritt

Nimm nun in jede Hand ein
Tuch. Wirf das Tuch in der
rechten Hand mit Schwung
unter dem Bein durch nach
links oben. Ist es an seinem
Höhepunkt, der vor dei-
nem Brustkorb liegen sollte,
wirfst du das zweite Tuch
im normalen Grundmuster.
Versuche dann das erste
Tuch im Grundmuster zu
werfen und das zweite unter
dem Fuß durch. Achte dar-
auf, daß du das Tuch, das du
als erstes geworfen hast,
auch wieder als erstes fängst.

3. Schritt

Und jetzt mit drei Tüchern. Du wirfst das erste Tuch unter
dem Bein durch. Dann jonglierst du im Grundmuster weiter. Such dir wieder ein Mustertuch aus. Du nimmst dir
fest vor, das Mustertuch beim nächsten Wurf aus der rechten Hand unter dem Bein durchzuwerfen. Die anderen
Tücher werden ganz normal im Grundmuster weiterjon-
gliert. Das passiert recht schnell, und manchmal ist einem
das verflixte Bein im Weg. Es hilft aber, wenn du das
Bein schon kurz vor dem geplanten »Beinwurf« hoch-
hebst. Nicht verzagen – nach einigen Versuchen wird es
klappen. Und wenn du dieses Muster mit der rechten
Hand beherrschst, solltest du es auch mit deiner linken
Hand üben.

25

1. Schritt

Zur Vorübung nimmst du
zwei Tücher wie gewohnt in
deine rechte Hand. Die linke
Hand und das dritte Tuch
brauchst du erst später. Jetzt
kannst du lernen, wie man
mit zwei Tüchern in einer
Hand jongliert.
Wirf das erste Tuch senkrecht
hoch. Bewege dann deine
Hand etwas nach rechts.
Ist das erste Tuch an seinem
Höhepunkt, wirfst du das
zweite daneben senkrecht
hoch.

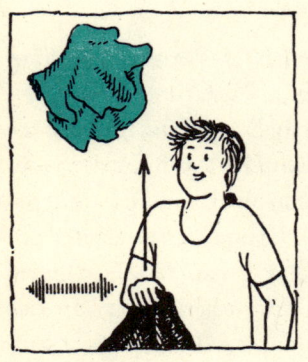

Bewege deine Hand wieder
zurück in die Ausgangs-
position und kralle das erste
Tuch. Wirf es wieder los,
wenn das zweite an seinem
Höhepunkt ist.
Mache diese Übung, bis du
sie kannst.

2. Schritt

Jetzt bekommt deine andere Hand wieder Arbeit. Zwei Tücher hast du in der rechten Hand, eins in der linken. Wirf das erste Tuch mit der rechten Hand senkrecht in die Luft. Ist es an seinem Höhepunkt, fliegen die Tücher 2 und 3 gleichzeitig gerade in die Luft. Sind sie an ihrem Höhepunkt, kommt wieder das erste dran.

Die rechte Hand jongliert immer die Tücher 1 und 2, die linke wirft und fängt nur das Tuch 3.

Übergang zum Grundmuster

Besonders schön sieht es aus, wenn ein Jongliermuster ins andere übergeht. Der Wechsel ist einfach, wenn du dir immer ein Mustertuch heraussuchst, mit dem du das Muster beginnst und beendest. Für den Wechsel vom Grundmuster zum Säulenmuster erklärst du z.B. das rote Tuch zum Mustertuch. Das Säulenmuster beginnst du, indem du das Mustertuch beim nächsten Wurf aus der rechten Hand senkrecht nach oben wirfst. Du kannst dann im Säulenmuster jonglieren. Wenn du dein Mustertuch anstatt senkrecht wieder schräg nach oben wirfst, kannst du zum Grundmuster übergehen.

27

Die Rückwärtskaskade funktioniert ganz ähnlich wie die normale Kaskade – nur eben rückwärts.

1. Schritt

Du beginnst zuerst wieder mit einem Tuch, das du ungefähr in Bauchhöhe hältst. Dann führst du es in einem schwungvollen Bogen nach außen und nach oben. Dort wirfst du es so los, daß es vor dir herunterkommt. Jetzt schnappt es sich die linke Hand. Diese beschreibt ebenfalls einen Bogen nach außen und oben und wirft das Tuch wieder los.

2. Schritt

Du hast jetzt in jeder Hand ein Tuch. Wirf das erste, wie eben beschrieben, los. Fällt es in der Mitte herunter, wirfst du das zweite Tuch über das andere.

Das rechte Tuch wird von der linken Hand gefangen, das linke Tuch von der rechten. Zähle wieder laut mit, wenn du die Tücher loswirfst.

3. Schritt

Mit drei Tüchern wird es natürlich schon komplizierter. Aber stell dir vor, vor deinen Augen hängt ein Basketballkorb, durch den die Tücher fallen müssen.

Du beginnst mit der rechten Hand, die zwei Tücher hält. Das erste wirfst du von außen in den Korb. Sobald es da hineingefallen ist, wirfst du das zweite aus der linken Hand in hohem Bogen hinterher. Ist das zweite drin, kommt das dritte an die Reihe. Dann wieder das erste...

Ein Tuch fliegt über das andere.

Beherrschst du das Grundmuster, die »Kaskade« und die »Rückwärtskaskade«, kannst du versuchen, die beiden Muster zu kombinieren. Dabei kommt dann der »Halbschauer« oder das »Tennis«-Muster heraus.

Die linke Hand wirft bei diesem Muster die Tücher immer im Kaskadenmuster und die rechte im Rückwärtskaskadenmuster. Am besten probierst du es zuerst mit einem Tuch, dann mit zwei und schließlich mit drei Tüchern.
Die rechte Hand wirft die Tücher etwas weiter, also über die anderen nach links.

Bei drei Tüchern brauchst du ja nicht gleich jedes Tuch aus der rechten Hand obendrüber zu werfen. Probiere zuerst einmal, jedes rote Tuch aus der rechten Hand im Rückwärtskaskadenmuster zu werfen. Nach und nach kannst du dich steigern, bis du es schaffst, jedes Tuch aus der rechten Hand obendrüber zu werfen. Du solltest es auch mit der linken Hand können.

Tennis

Wenn du den Halbschauer
schon mit der rechten und
linken Hand beherrschst,
kannst du dich an diesen
Trick wagen. Beim Tennis
fliegt immer ein bestimmtes
Tuch über die anderen.
Von rechts nach links und
genauso von links nach
rechts. Du suchst dir wieder
ein Mustertuch heraus.
Kommt es in deine rechte
Hand, wirfst du es mit
einem Rückwärtskaskaden-
wurf zur linken Hand.
Die linke Hand wirft es, sobald es an der Reihe ist,
wieder obendrüber zur rechten Hand usw.

*Die beiden anderen Tücher
werden im Grundmuster
jongliert.*

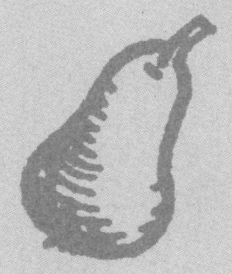

Balancieren

Unter Balancieren versteht man, etwas im Gleichgewicht zu halten. Das können, wie in diesem Kapitel, irgendwelche Gegenstände sein, aber auch der eigene Körper.

Zum Balancieren eignen sich sehr viele Dinge. Aber du kannst dir merken: Je länger der Gegenstand ist, um so leichter ist er zu balancieren. Am leichtesten geht es mit Pfauenfedern, aber leider gibt es sie nicht überall zu kaufen. Vielleicht kannst du mal eine auf einem Jahrmarkt erstehen.

Du kannst dir jedoch ganz leicht einen Balancierstab selber basteln, der wie ein Clown aussieht.

Du brauchst:
- einen Rundholzstab mit ca. 8 mm Durchmesser, ca. 1 m lang (Baumarkt, kostet ungefähr 1,– DM)
- eine Holzkugel mit ca. 4 cm Durchmesser (Bastelgeschäft, kostet ca. 1,50 DM), in die du dir ein 9 mm großes Loch bohren läßt. Es gibt auch Holzkugeln, die schon ein Loch haben. Allerdings mußt du darauf achten, daß der Durchmesser des Lochs etwas größer ist als der des Rundholzstabes. Sonst paßt der Stab nicht mehr in das Loch, wenn noch der Stoff dazwischen ist.
- ein Stück Stoff oder ein altes Taschentuch
- Wollreste
- Farbstifte
- Klebeband

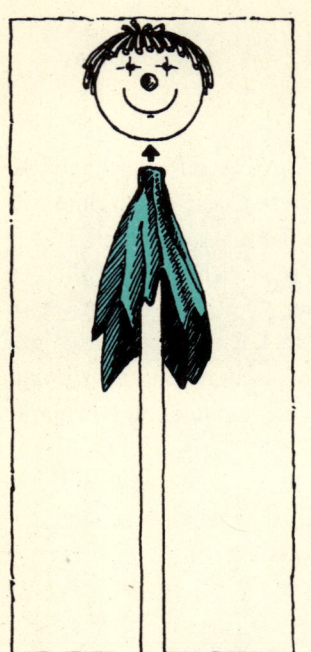

Und so wird der Balancierstab gebastelt:

Du legst das Tuch über ein Stabende und steckst die Holzkugel darauf. Ganz stabil wird es, wenn du etwas Leim in das Loch streichst, bevor du die Kugel auf den Stab steckst. Auf die Kugel kannst du ein Gesicht malen und Haare aus Wolle kleben.

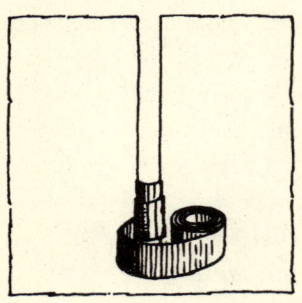

Um das andere Ende des Stabes klebst du noch etwas Klebeband. Dadurch tust du dir nicht weh, wenn dir der Stab beim Balancieren einmal abrutscht.

Und so wird balanciert:
Stelle den Stab auf deine
Handfläche und schau auf
seinen »Kopf«. Beginnt
der Stab in eine Richtung zu
kippen, wird deine Hand
ganz automatisch versuchen
auszugleichen. Sie bewegt
sich in die Kipprichtung deines Stabes. Für alle Gegenstände, die du balancieren
willst, gilt: Schau immer den
obersten Punkt des Gegen-
standes an.

Wenn du den Stab einige Zeit auf deiner Hand balancieren kannst, probiere doch folgende Übungen aus: Versuche
deinen Stab auf einem Finger zu balancieren oder ihn von
einem Finger auf den anderen zu übergeben. Setz dich
doch einmal hin und steh wieder auf. Probiere, auf jeder Hand etwas anderes zu balancieren. Das ist allerdings
nicht ganz einfach.

Trickkiste: Balancieren, wo's nur geht

Man kann den Stab nicht nur auf der Hand balancieren. Hier sind ein paar Vorschläge, die du ausprobieren könntest. Bei manchen Kunststücken brauchst du zwar etwas Übung, doch du wirst schnell merken, wie du besser wirst.

Versuche den Stab auf dem Handrücken zu balancieren…

…oder auf dem Ellenbogen

... oder auf der Schulter

... oder auf dem Fuß

Dazu stellst du den Stab in die Kuhle zwischen Zehen und
Fußrücken. Das geht natürlich barfuß oder mit Socken
besser als mit Schuhen.

...oder auf dem Knie

...oder auf dem Kinn
Um den Stab auf deinem
Kinn zu balancieren, mußt du
den Kopf weit zurückbeu-
gen. Am Anfang sieht es für
dich so aus, als ob der Stab
bereits nach hinten kippt, obwohl er eigentlich noch
nicht mal ganz gerade auf
deinem Kinn steht. Diese
»optische Täuschung« mußt
du bei deinen Bewegungen
einrechnen.

... oder auf der Stirn
Das ist aber ganz schön
schwer!

Es gibt noch viele andere Gegenstände, die du balancieren
kannst: Besen, Tennisschläger, Bälle, Kochlöffel, ein Buch
oder einen Apfel auf dem Kopf ... Schau dich ein bißchen
um, und du wirst noch viel mehr entdecken, das sich balancieren läßt! Eines wird dir jedoch auffallen: Je kürzer
der Gegenstand, um so schwieriger ist er zu balancieren.

Paß auf, wenn du mit großen und schweren Gegenständen in der Wohnung experimentierst. Landet der Besen in
der Glasvitrine, gibt's sicher Ärger!

Spiele

Mit den Balancierstäben und anderen Gegenständen kann man natürlich auch lustige Spiele machen. Wenn du an deinem Geburtstagsfest mit deinen Freunden und Freundinnen nicht nur Topfschlagen spielen möchtest, könntet ihr Balancierstäbe basteln und sie anschließend gleich ausprobieren. Natürlich braucht ihr zum Balancieren nicht unbedingt selbstgebastelte Balancierstäbe. Ihr könnt dazu auch andere Dinge nehmen. Ganz gut eignen sich Bücher oder Äpfel, die man auf dem Kopf balanciert. Das ist außerdem noch gut für die Haltung.

Einer bleibt übrig

Bei diesem Spiel sollte man sich beim Balancieren so wenig wie möglich von den anderen stören lassen. Alle gehen im Zimmer umher, und jeder versucht, während er selbst einen Gegenstand balanciert, die anderen Mitspieler so zu stören, daß sie aus dem Gleichgewicht geraten. Hat man seinen Balanciergegenstand verloren, scheidet man aus. Wer bis zum Schluß weiterbalanciert, ist der Sieger dieser Runde. Stören darf man die anderen durch Faxen machen, Witze erzählen, Erschrecken und leichtes Schieben. Schubsen oder sogar boxen gilt nicht. Wer sich nicht daran hält, scheidet aus. Wichtig ist, daß alle ehrlich mitspielen und sofort das Feld räumen, sobald sie ausgeschieden sind.

Hindernisrennen

Hast du ein paar Freunde und Freundinnen für das Balancieren begeistert, könnt ihr schon bald Balancierstaffeln starten. Im Garten oder in einem langen Flur läßt sich bestimmt eine kleine Hindernisbahn aufbauen. Dazu stellst du Stühle hin, auf die man sich setzen oder über die man steigen muß. Socken werden als Slalomparcours ausgelegt. Tische müssen überwunden werden.

Man kann Schwierigkeiten wie Rückwärts- oder Seitwärtsgehen einbauen. Euch fällt sicher noch mehr ein, wie ihr die Bahn gestalten könnt. Ihr könnt auch während des Rennens die Balanciergegenstände wechseln. Ob ihr mannschaftsweise als Staffel oder einzeln gegeneinander antretet, könnt ihr nach Lust und Laune entscheiden.

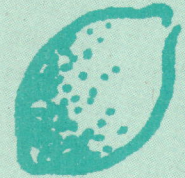

Tellerdrehen

Vielleicht hast du im Zirkus schon einmal einen chinesischen Tellerkünstler gesehen, der auf langen Stäben sich drehende Teller balanciert. Wie das geht, kannst du gleich in diesem Kapitel lesen. Für diese Tricks nimmst du aber nicht die Porzellanteller deiner Mutter, sondern einen Spezialteller aus Plastik.

Du brauchst:
– einen speziellen Jonglierteller aus Plastik und einen Holz- oder Kunststoffstab, der an einem Ende spitz zuläuft. Diese Ausrüstung kostet zusammen ca. 10,– DM.

Der Teller kann auf dem Stab nur balanciert werden, wenn er sich schnell dreht. Er muß also zunächst einmal angedreht werden. Dafür gibt es zwei Möglichkeiten: Die erste ist einfach und gelingt fast ohne Üben. Man kann damit aber die interessanteren Tricks nicht machen, weil sich der Teller nicht schnell genug dreht. Die zweite Möglichkeit sieht eleganter aus und ist für komplizierte Tricks besser geeignet. Man muß dafür aber ein bißchen üben und darf nicht die Geduld verlieren.

Die erste Möglichkeit:

Du hältst den Stab senkrecht in deiner Hand und hängst den Teller auf die Spitze. Dann nimmst du den Tellerrand mit Daumen und Zeigefinger der anderen Hand und drehst den Teller an, indem du die Hand am Teller schnell zu dir hin oder von dir weg bewegst.

Der Teller dreht sich jetzt auf der Stockspitze. Wird er zu langsam, rutscht er auf die Seite, und du mußt ihn von neuem andrehen.

Die zweite Möglichkeit:

Zuerst kommt eine Trockenübung ohne den Teller. Du nimmst den Stock am unteren Ende in die Hand. Halte den Stab senkrecht und lege den Zeigefinger an den Stab, damit du ihn besser führen kannst. Mit der Stockspitze malst du kleine Kreise in die Luft. Sie sollten ungefähr so groß sein wie der untere Tellerrand. Dabei ist es wichtig, daß du nur das Handgelenk und nicht den ganzen Arm bewegst. Stell dir vor, du hast ein ganz lockeres »Gummihandgelenk«.

Das untere Stabende muß ruhig bleiben. Um das zu überprüfen, legst du den Zeigefinger der anderen Hand an das untere Stabende. Du spürst dann sofort, ob sich das untere Ende zu stark bewegt. Versuche die Kreise so gleichmäßig wie möglich zu machen. Steigere langsam das Tempo. Schüttel zwischendurch dein Handgelenk aus, damit du keinen Krampf bekommst.

Wenn du diese »Trockenübung« hinter dir hast, kannst du das Andrehen mit dem Teller versuchen. Am Anfang wird der Teller öfters herunterfallen. Paß aber auf, daß du ihn nicht auf den Kopf bekommst!
Du hängst den Teller mit dem Tellerrand an die Stabspitze. Den Stab hältst du am unteren Ende in der rechten Hand. Zur Kontrolle der Bewegung legst du den Finger der linken Hand an das untere Stabende. Male wieder gleichmäßige Kreise in die Luft. Erst langsam, dann immer schneller.

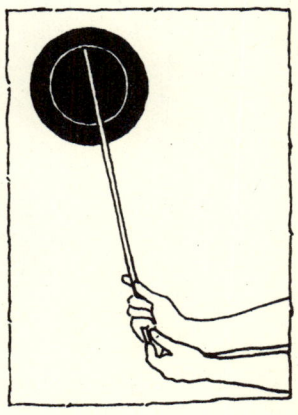

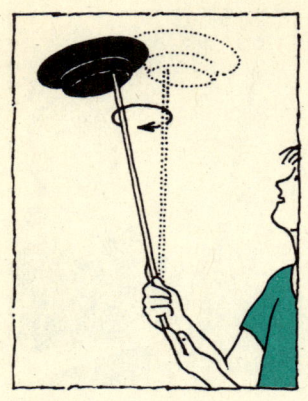

So sieht es aus, wenn du es richtig machst. Der Teller »eiert« sich langsam in die richtige Position. Bewegst du nicht nur dein Handgelenk, sondern den ganzen Arm, »fliegt« der Teller nur um den Stab herum. Das wäre falsch!

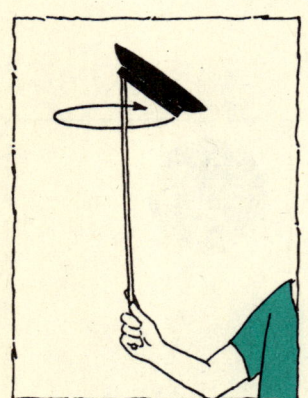

So ist es also nicht richtig.

Wenn der Teller genug Schwung hat, rutscht die Tellermitte auf die Stabspitze, sobald du den Stab still-hältst. Erst jetzt kannst du weitere Tellerkunststücke machen. Wahrscheinlich dauert es ein bißchen, bis du das Gefühl dafür bekommst, wie du die Kreise machen mußt und wann der Teller genug Schwung hat. Achte vor allem darauf, daß die Stabspitze wirklich kreist und daß das untere Ende ruhig bleibt.

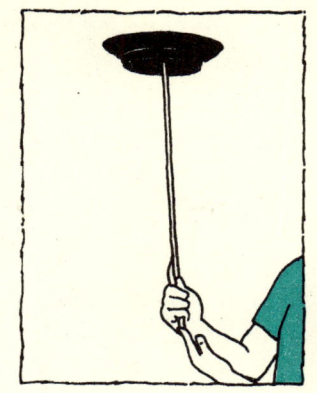

Trickkiste: Kunststücke für einen Teller

Jetzt kannst du den Teller einfach auf dem Stab balancieren oder ein paar neue Tricks lernen.

Hochwerfen

Wirf den Teller, nachdem du ihn angedreht hast, ein ganz kleines Stückchen hoch und fang ihn mit dem Stab wieder auf. Dazu mußt du mit der Stabspitze genau auf die Tellermitte zielen. Versuche den Teller immer höher zu werfen.

Zwei Stäbe

Für diesen Trick brauchst du einen zweiten Stab. Aus einem Rundholzstab aus dem Baumarkt kannst du ihn dir selbst basteln. Wenn du nun in jede Hand einen Stab nimmst, kannst du den Teller von einem Stab auf den anderen übergeben oder sogar werfen.

Unter dem Bein durchgeben

Dreh den Teller an und halte
den Stab ungefähr in der
Mitte. Heb ein Bein und gib
den Teller unter dem Bein
durch in die andere Hand.
Dazu mußt du den Stab et-
was schräg halten, dann geht
es leichter. Probiere es mit
der rechten und mit der linken Hand und mit dem
rechten und dem linken Fuß.

Übergib den Stab hinter deinem Rücken in die andere Hand. Dazu mußt du, nachdem du den Teller angedreht hast, den Stab so greifen, wie es die Abbildung zeigt.

Hast du ihn hinten übergeben, …

…greifst du wieder um.

Auf der Fingerspitze

Du kannst den Teller auch vom Stab auf eine Fingerspitze übergeben. Schaffst du die beiden Tricks von oben auch mit der Fingerspitze? Hinter dem Rücken übergeben ist jetzt schwerer.

Teller hochwerfen und Stock umdrehen

Ist dein Stab aus Holz, kannst du ihn am unteren Ende mit einer Feile etwas abrunden, damit du beide Stabenden zum Tellerdrehen nehmen kannst. Du darfst den Stab aber nicht anspitzen, sonst kannst du ihn nicht mehr auf der Fingerspitze balancieren!

Bevor du diesen Trick versuchst, solltest du noch einmal eine »Trockenübung« machen. Dazu nimmst du den Stab in der Mitte und hältst ihn senkrecht. Dreh ihn blitzschnell um. Die Stockspitze, die vorher nach oben gezeigt hat, muß jetzt senkrecht nach unten zeigen. Dann drehst

du die Hand wieder zurück. Hast du das ein paarmal geübt, probiere es mit dem Teller. Dreh den Teller an, halte den Stab wieder in der Mitte. Wirf den Teller hoch, dreh deinen Stab blitzschnell um und versuche, den Teller wieder zu fangen. Uff, geschafft? So, dann geht's wieder zurück.

Trickkiste: Für zwei Teller oder zwei Jongleure Teller übergeben

Wenn ihr zu zweit seid, könnt ihr euch den Teller gegenseitig übergeben. Dazu braucht ihr euren zweiten Stab.

Jeder hat jetzt einen Stab. Derjenige, der den Teller hat, dreht ihn an und übergibt ihn dann auf den anderen Stab.

Wenn das klappt, könnt ihr versuchen, euch den Teller gegenseitig zuzuwerfen. Den Abstand könnt ihr mit der Zeit bestimmt vergrößern.

Teller tauschen

Dazu braucht ihr nicht nur
zwei Stäbe, sondern auch
zwei Teller. Ihr dreht beide
euren Teller an, und auf
Kommando werft ihr euch
die Teller zu. Sprecht vorher
ab, wer seinen Teller etwas
höher wirft, damit sie in der
Luft nicht zusammenstoßen.

Teller stapeln

Auch dieser Trick ist für zwei Jongleure und zwei Teller
gedacht. Beide Teller sind angedreht und tanzen auf den
Stäben. Die beiden Jongleure müssen sich mit ihren Tel-
lern immer näher kommen. Ist dann der eine Teller dicht
über dem anderen, muß der zweite Stab blitzschnell weg-
gezogen werden, und ein Teller liegt auf dem anderen. Für
diesen Trick ist es wichtig, daß beide Teller in die gleiche
Richtung angedreht wurden, sonst funktioniert es nicht.

Jonglieren mit Bällen

Wenn du schon mit Tüchern jonglieren kannst, wird es dir viel leichter fallen, das Jonglieren mit Bällen zu lernen. Die Grundwürfe und Abläufe sind sehr ähnlich. Du mußt aber beim Jonglieren mit Bällen viel schneller sein als bei den Tüchern.

Die eigenen Bälle

Bevor es losgehen kann, brauchst du natürlich erst einmal drei Bälle. Dabei ist es ganz wichtig, daß du schon zum Üben die richtigen hast. Tennisbälle eignen sich zum Jonglieren nicht, da sie zu leicht sind und wegrollen. Äpfel sind ganz schnell in Apfelmus verwandelt, und Eier ...

Richtige Jonglierbälle haben den Vorteil, daß sie gut in der Hand liegen und nicht wegrollen, wenn sie auf den Boden fallen.

Du brauchst:
– drei Jonglierbälle, die man im Jonglierladen kaufen kann. Sie kosten ca. 10,– DM pro Ball.
Du kannst deine Jonglierbälle natürlich auch selber machen. Und das kostet dann nur Zeit!

Strumpfhosenbälle

Am schnellsten und einfachsten geht's, wenn du deine Mutter um etwas Reis und eine alte Feinstrumpfhose bittest. Wenn sie dir verschiedenfarbige Strumpfhosen gibt, ist das noch besser, denn dann kannst du die Bälle beim Jonglieren leichter auseinanderhalten.

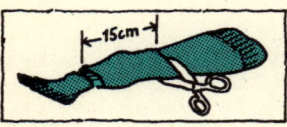

Und so wird's gemacht:
Du schneidest ein 15 cm langes Stück ab.

An einem Ende machst du einen Knoten wie bei einem Luftballon und drehst das Stück so um, daß der Knoten innen ist.

Da hinein füllst du ca. 80 g Reis, Hirse oder ähnliches.

Dann machst du wieder einen festen Luftballonknoten und schneidest das restliche Strumpfende ab. Schon ist dein erster Ball fertig.

Stoffbälle

Etwas aufwendiger, dafür aber haltbarer sind selbstgenähte Stoffbälle. Vielleicht kann dir jemand ein bißchen dabei helfen.

Du brauchst:
- etwas Pappe und Butterbrotpapier, einen Stift und etwas Klebstoff
- ein paar bunte Stoffreste (Baumwolle)
- Nadel und Faden (oder noch besser eine Nähmaschine)
- Reis, Hirse oder ähnliches

Bastle dir eine Pappschablone, die genau wie die Abbildung aussieht. Dazu legst du zuerst das Butterbrotpapier auf die Zeichnung im Buch und fährst sie mit einem Stift nach. Die aufgemalte Form schneidest du aus und klebst sie auf die Pappe. Diese schneidest du auch wieder aus. Jetzt hast du eine Schablone für die Teile deines Jonglierballs!

Lege die Pappschablone auf einen Baumwollstoff, umfahre sie mit einem Stift. Strichle noch eine Linie in einem Abstand von 1 cm und schneide die aufgezeichnete Form aus. Für einen Ball brauchst du vier Teile.

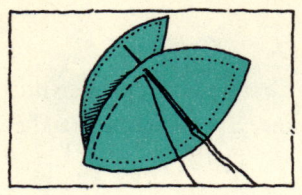

Entlang der durchgezogenen Linie werden jeweils zwei Teile an einer Seite zusammengenäht. Die schöne Stoffseite liegt innen.

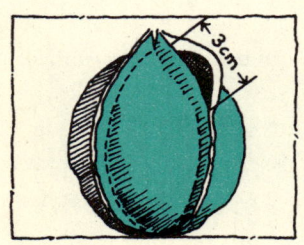

Nun werden die beiden Ballhälften aneinandergenäht. An der letzten Naht mußt du eine Lücke von 3 cm offenlassen, damit du den Stoffball auf die rechte Seite drehen und mit Reis füllen kannst.

Nachdem du den Ball umgedreht hast, füllst du ihn mit Reis. Ein Plastiktrichter oder auch ein selbstgemachter aus Pappe macht es einfacher.

Danach wird der Ball von außen zugenäht. Wenn du Lust hast und das Stoffmuster es erlaubt, kannst du deinen Bällen noch Gesichter aufmalen.

Bevor du loslegst, noch eine Frage: Hast du genug Platz? Steht eine Glasvitrine mit Mutters besten Stücken oder der gedeckte Frühstückstisch in deiner Nähe? Denn es kann schnell passieren, daß hopplahopp ein Ball in einer Kaffeetasse landet. Such dir fürs Jonglieren einen Platz, wo du und deine Bälle nichts kaputtmachen können.

Bevor du mit den eigentlichen Jonglierübungen anfängst, ist es ganz gut, wenn du dich mit dem Ball vertraut machst. Wirf den Ball in die Luft und fang ihn wieder. Du kannst ihn entweder mit beiden Händen oder nur mit der rechten oder der linken Hand fangen. Das ist im Moment noch egal. Versuche den Ball wie ein Tuch zu krallen oder mit der Handfläche nach oben zu fangen. Am besten probierst du alle Möglichkeiten aus.

Hier sind noch ein paar Übungsbeispiele:
Wirf den Ball so hoch es geht, ohne daß du einen Schritt machen mußt, um ihn wieder zu fangen. (Vorsicht Lampen!) Jetzt hochwerfen, in die Hände klatschen und fangen. Wie oft schaffst du es, in die Hände zu klatschen? Du bist echt gut, wenn du es dreimal schaffst.

Dreh dich einmal um dich selbst, während der Ball in der Luft ist.

Versuche den Ball unter einem Bein durch in die andere Hand zu werfen.

Laß ihn über deine Hand auf dem Arm entlangrollen.

Wirf ihn hinter dem Rücken entlang über die Schulter.

Hier sind noch ein paar Spiele, durch die du und deine Freunde ein besseres Gefühl für eure Jonglierbälle bekommt. Ihr könnt sie schon spielen, auch wenn ihr noch nicht jonglieren könnt.

Die Eierdiebe

Bis auf einen stehen alle im Kreis. Die Spieler im Kreis sind die Eierdiebe, der Spieler außen ist der Fänger, der einen Eierdieb erwischen will.

Ein Ball – das Ei – wird nun im Kreis von einem Spieler an seinen Nachbarn weitergegeben bzw. geworfen, wenn ihr den Kreis größer macht. Die Weitergaberichtung kann wechseln, aber es darf kein »Eierdieb« übersprungen werden. Der Fänger rennt um den Kreis und versucht denjenigen zu erwischen, der gerade das Ei hat. Wird jemand erwischt, tauschen Fänger und Eierdieb ihre Plätze. Der Eierdieb ist nun der neue Fänger.

Aber auch wenn ein Eierdieb ein Ei nicht fängt oder ganz schlecht wirft und »das Ei« deshalb herunterfällt und »kaputtgeht«, tauscht dieser Dieb mit dem Fänger.

Hallo, Helga

Stellt euch im Kreis auf und wählt einen Spielleiter. Nur er hat einen Ball. Jeder merkt sich den Namen seines rechten Nachbarn. Weiß jeder den Namen, laufen alle durcheinander. Der Spielleiter ruft den Namen seiner früheren Nachbarin, z. B. »Hallo, Helga«, und wirft ihr einen Ball zu. Diese ruft nun den Namen ihres ehemaligen rechten Nachbarn und gibt den Ball an ihn weiter. Das geht so weiter, bis der Ball wieder beim Spielleiter angekommen ist. Dann geht das ganze von vorne los, nur daß der Spielleiter noch einen zweiten Ball weitergibt, sobald der erste ein paar Mitspieler weitergewandert ist. So kann man immer mehrere Bälle ins Spiel bringen. Alles rennt und ruft durcheinander. Je größer das Chaos, um so lustiger wird das Spiel.

Rastelli

Rastelli, nach dem dieses Spiel benannt wurde, war ein weltberühmter Jongleur.

Zuerst wählt ihr einen Spielleiter aus. Jeder Mitspieler hat einen Ball, nur einer hat einen besonderen Ball, z. B. einen Tischtennisball. Der mit dem besonderen Ball ist Rastelli. Alle gehen durcheinander und tauschen nach der Anweisung des Spielleiters die Bälle aus, z. B. sich die Bälle zurollen, hinter dem Rücken zuwerfen, nur die mit einem gelben Ball werfen sich die Bälle zu, usw. Auch Rastelli spielt mit. So wechselt der besondere Ball seinen Besitzer, und immer derjenige, der gerade den Rastelli-Ball hat, ist Rastelli. Ab und zu gibt der Spielleiter eine Rastelli-Anweisung, z. B.: Alle laufen einmal um Rastelli herum, machen eine Verbeugung vor Rastelli, klopfen ihm auf die Schulter, sollen ihn berühren, ohne sich gegenseitig zu berühren, schütteln Rastelli blitzschnell die Hände. Manchmal muß man zuerst Rastelli suchen, weil sein kleiner Ball so unauffällig ist. Fällt eurem Spielleiter nichts mehr ein, kann jemand anderer diese Rolle übernehmen.

Stelle dich bequem hin.
Die Arme hältst du wie auf
dem Bild. In der rechten
Hand hast du einen Ball. Versuche nun den Ball gerade
hochzuwerfen, ohne daß du
deinen Oberarm bewegst
und ohne daß sich der Ball
in der Luft dreht. Der Ball
fliegt aus der Handmitte heraus und bekommt auch von
dort seinen Schwung.
Damit du leichter den Oberarm ruhig halten kannst,
klemmst du dir am besten
eine Zeitung oder einen
Kochlöffel unter den Arm.
Das probierst du mit der
rechten und mit der linken
Hand. Schaffst du es, den
Ball bis an die Decke zu werfen und wieder zu fangen,
ohne die Zeitung zu ver-
lieren? Mach mit jeder Hand
ungefähr zehn Würfe.

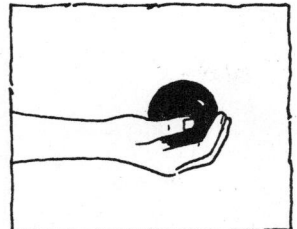

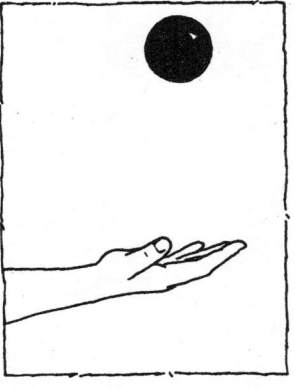

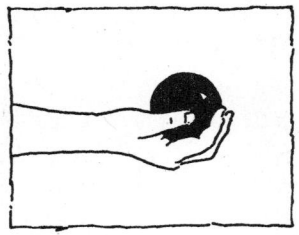

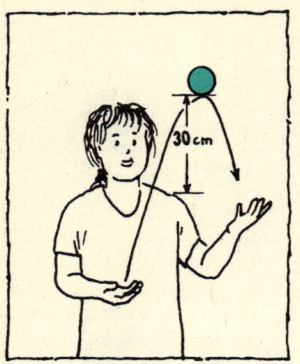

Du stehst wie vorher und hältst den Ball locker in der rechten Hand. Bewege sie nun Richtung Bauch. Von da wirfst du den Ball schräg nach links oben. Der Höhepunkt sollte ungefähr 30 cm über deiner Schulterhöhe liegen.

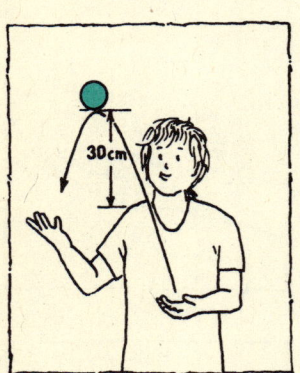

Der Ball wird mit der linken Hand gefangen, wenn er wieder herunterkommt. Dabei ist es wichtig, daß du den Ball nicht schon weit oben aus der Luft greifst, sondern wartest, bis er wieder auf Brusthöhe ist.

Jetzt bewegt sich die linke Hand Richtung Bauch und wirft den Ball schräg nach rechts oben. Die rechte Hand fängt den Ball, wenn er herunterkommt, wieder in Brusthöhe.

Beide Höhepunkte sollten gleich hoch sein. Sie liegen 30 cm höher als deine Schultern. Kommt dir das nicht irgendwie bekannt vor? Richtig, der Ball fliegt eine Bahn, die wie eine liegende Acht aussieht, genau wie bei den Tüchern.

Stell dir beim Fangen vor, du fängst ein rohes Ei. Wenn du es zu fest packst, geht es kaputt, ebenso wenn es beim Fangen in deine Hand klatscht. Du mußt versuchen, es weich abzufangen.

Du hast in jeder Hand einen Ball. Mit der rechten Hand wirfst du Ball 1 schräg nach links oben zum ersten Höhepunkt.

Sag laut »eins« oder die Ballfarbe, wenn du den Ball loswirfst.

Ist der Ball am ersten Höhepunkt angelangt, wirft die linke Hand Ball 2 schräg nach rechts oben zum zweiten Höhepunkt.

Sag laut »zwei« oder die Farbe des Balls.

Wenn Ball 1 herunterkommt,
wird er von der linken Hand
gefangen. Dann kommt
Ball 2, der in der rechten
Hand landet.

Achtung! Achtung!
Hier kommt eine wichtige Durchsage:

– Sag laut »eins« bzw. »zwei« oder die Farbe der
  Bälle, wenn du die Bälle loswirfst.
– Das Werfen ist viel wichtiger als das Fangen.
  Wirfst du genau, wird das Fangen ganz von selbst
  kommen.
– Achte darauf, daß du jeden Ball geworfen hast
  und keinen von einer Hand in die andere über-
  gibst.
– Die Höhepunkte müssen gleich hoch sein!
– Die Bälle werden nacheinander abgeworfen und
  nacheinander gefangen, nie gleichzeitig.

Die »gläserne Wand«

Am Anfang werden deine
beiden Bälle wahrscheinlich
wild durch die Gegend
fliegen. Es kann dir helfen,
wenn du dir vorstellst,
du stehst vor einer gläsernen
Wand, an der die Bälle entlangfliegen.

*Fliegen die Bälle zu weit nach
vorne, zerbricht die Wand.*

Jetzt ist es ganz wichtig, daß du dich an die Vorübung mit
der Zeitung erinnerst. Du mußt versuchen, die Bälle so zu
werfen, daß du sie fangen kannst, ohne die Oberarme zu
bewegen.

Beginne deinen Bewegungsablauf so oft mit der rechten
Hand, bis du ihn sicher beherrschst. Lerne dann, den Bewegungsablauf mit der linken Hand zu beginnen. Du mußt
mit beiden Händen gleich gut beginnen können.

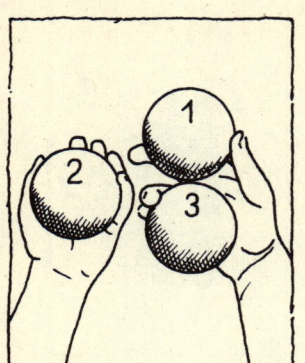

Kannst du den Grundwurf
mit zwei Bällen sicher, ist
der Schritt zu drei Bällen gar
nicht mehr so groß.
In der rechten Hand hältst
du zwei Bälle, in der linken
einen.

Wirf Ball 1 zum ersten Höhepunkt schräg nach links
oben. Ist er dort angekommen, fliegt Ball 2 zum zweiten Höhepunkt. Das kannst
du ja schon! Ist Ball 2 oben,
wirfst du 3 los zum ersten
Höhepunkt.

Ist 3 am Höhepunkt, wirfst
du wieder den ersten Ball los.

Dann wieder den zweiten und
den dritten Ball.

Achtung! Achtung!
Hier kommt eine wichtige Durchsage:

– Tja, jetzt heißt es: üben, üben und nochmals üben.
– Mach dir nichts daraus, wenn deine Bälle häufiger auf dem Boden als in deiner Hand landen.
– Es ist in dieser Phase sehr wichtig, das richtige Loswerfen zu lernen. Das Fangen ist der nächste Schritt.
– Zum Üben solltest du dich vor ein Bett stellen. Das hat zwei Vorteile: Du mußt dich nicht bükken, um deine Bälle aufzusammeln. Die Bälle springen nicht davon, und du brauchst ihnen nicht hinterherzulaufen. Schließlich willst du jonglieren und nicht für den nächsten Marathonlauf trainieren.
– Zähle laut deine Würfe und versuche immer noch einen weiteren Wurf zu schaffen.
– Greif die Bälle nicht aus der Luft. Zum einen wird es auf Dauer unbequem, zum anderen wird deine Jonglage zu schnell und hektisch.
– Mach dir bewußt, daß meistens immer nur ein Ball in der Luft ist. Manchmal sind es zwei, aber nie fliegen alle drei auf einmal durch die Gegend.
– Immer genau dann den nächsten Ball loswerfen, wenn der andere am Höhepunkt ist.
– Es kann sein, daß der dritte Ball wie festgewachsen in der Hand bleibt. Versuche, ihn zunächst einmal loszuwerfen, egal wohin.

Hilfe! Da ist der Wurm drin!

Kommst du mit drei Bällen nicht zurecht? Siehst du vor lauter Bällen keine Jongliermuster und Höhepunkte mehr? Trotzdem brauchst du nicht gleich aufzugeben. Es gibt noch eine tolle Möglichkeit, das Jonglieren mit drei Bällen zu lernen:

Dafür brauchst du etwas Platz und eine Holzplatte. Vielleicht hast du eine Tischtennisplatte, die du verwenden kannst. Sonst mußt du deine Zimmertür aushängen.

Oder du kannst vielleicht ein Garagentor ein Stück aufmachen und auf dieser Schräge üben. (Im Winter bei 10 Grad minus nicht zu empfehlen!)

Die Tischtennisplatte oder das Türblatt legst du mit einer Seite auf einen Stuhl, so daß sich eine leichte Schräge ergibt. Dann malst du mit Kreide eine große liegende Acht darauf und markierst die zwei Höhepunkte.

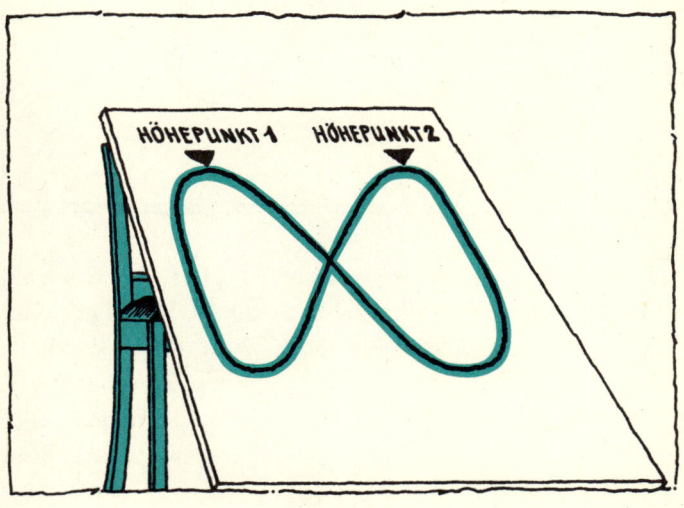

Anstatt die Bälle zu werfen, rollst du sie auf der Platte an der gezeichneten Linie entlang oder zu den Höhepunkten. Durch das langsame Rollen hast du mehr Zeit und kannst in Ruhe deine Bälle losschicken.

Die Reihenfolge ist gleich wie beim Jonglieren ohne Platte. Roll erst Ball 1 zum ersten Höhepunkt, dann Ball 2 zum zweiten Höhepunkt. Ist dieser dort angekommen, rollst du Ball 3 zum ersten Höhepunkt, dann wieder Ball 1 usw.

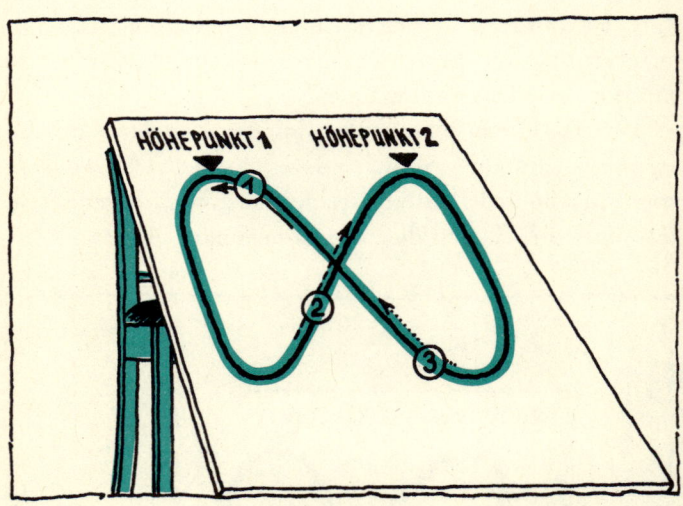

Wenn das gut klappt, stellst du deine Platte etwas steiler. Vielleicht kannst du die Platte an die Wand stellen oder das Garagentor weiter zumachen. Jetzt rollen die Bälle schneller, dadurch wird das Ganze etwas schwieriger. Aber das schaffst du schon! Stelle das Brett immer steiler und steigere dadurch die Schwierigkeit. Steht das Brett fast senkrecht, kannst du es ohne dieses Hilfsmittel versuchen.

Schaffst du schon zehn Würfe im Grundmuster? Super, du hast tolle Arbeit geleistet! Aber auch wenn es dir noch nicht gelingt, darfst du nicht den Mut verlieren. Dabeibleiben und jeden Tag ein bißchen üben! Vielleicht kennst du jemanden, der schon jonglieren kann. Dann bitte ihn, dir zu helfen.

Du solltest lernen, sicher und ohne viel nachzudenken im Grundmuster zu jonglieren.

Kannst du jonglierend durch den Raum gehen, dich hinsetzen und wieder aufstehen? Ganz hoch und ganz niedrig
jonglieren? Dich nebenher mit jemandem unterhalten oder
das Tapetenmuster an der Wand gegenüber anschauen?
Wenn dir das alles gelingt, bist du schon sehr gut. Wenn
nicht, mußt du noch ein wenig üben!

Trickkiste: Besondere Anfänge

Damit deine Jonglage bereits ab dem ersten Wurf span-
nend wird, gibt es ein paar ausgefallene Anfänge. Sie sind
leicht zu lernen, auch wenn du noch nicht so gut jonglieren kannst.

Fußballer-Anfang

Dieser Trick funktioniert besonders gut, wenn du selbst-
gemachte Bälle hast.

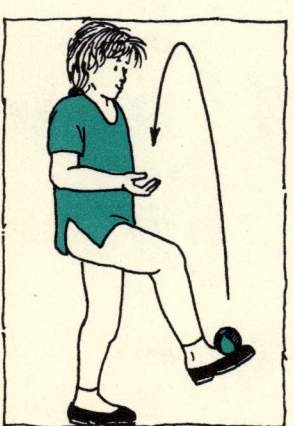

1. Schritt
Einen Ball legst du auf den
Fuß, die anderen brauchst du
im Moment noch nicht.
Diesen Ball kickst du etwa
in Kopfhöhe und fängst
ihn mit der rechten Hand.
Klar?

2. Schritt

Hast du das unter Kontrolle,
legst du wieder einen Ball
auf den Fuß und nimmst in
jede Hand einen Ball. Kick
den Ball hoch. Ist er an
seinem Höhepunkt, wirfst
du den Ball aus der rech-
ten Hand schräg nach links
oben zum ersten Höhe-
punkt. Das entspricht ungefähr einem ersten Wurf.
Dann kann's wie gewohnt
im Kaskadenmuster weiter-
gehen.

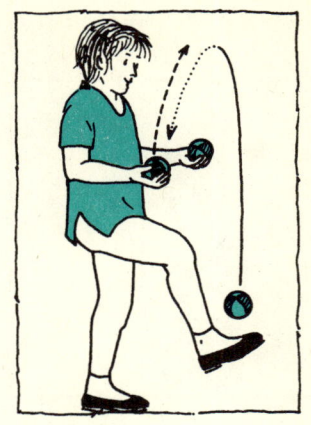

*Der hochgekickte Ball
wird mit der rechten Hand
gefangen.*

1. Schritt

Du legst einen Ball auf den Kopf und läßt ihn nach vorne rutschen, indem du den Kopf langsam vorbeugst. Fällt der Ball herunter, fängst du ihn mit der rechten Hand auf.

2. Schritt

Als nächstes nimmst du in jede Hand einen Ball, den dritten legst du auf den Kopf. Nun mit dem Kopf nicken und den Ball nach vorne rutschen lassen. Merkst du, daß der Ball herunterfällt, wirfst du den Ball aus der rechten Hand los, als würdest du normal anfangen zu jonglieren.

Der Ball vom Kopf wird mit der rechten Hand gefangen.

Zwei aus einer Hand

1. Schritt
Du hältst in deiner Rechten
zwei Bälle nebeneinander.
Normalerweise hast du sie ja
eher hintereinander in der
Hand.

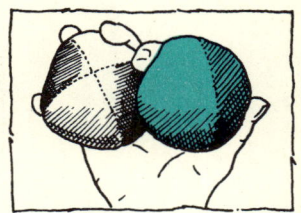

Beide Bälle werden gleichzei-
tig hochgeworfen. Dabei
fliegen sie etwas auseinander.
Jede Hand fängt einen Ball.
Der Ball, der schon in der
Hand rechts liegt, wird nach-
her auch von der rechten
Hand gefangen.

2. Schritt
Okay? In der rechten Hand
hältst du zwei Bälle nebeneinander, in der linken einen
Ball. Die beiden Bälle in der
rechten Hand wirfst du so
los, wie du es gerade gelernt
hast.

Sind die beiden Bälle an ihrem Höhepunkt, wirft die linke Hand den dritten Ball zwischen den anderen gerade hoch.

Sobald der dritte Ball an seinem Höhepunkt ist, wird der erste Ball schräg nach oben geworfen. Und weiter geht's im Kaskadenmuster.

Der dritte Ball wird von der rechten Hand gefangen.

Und zu zweit macht's doppelt soviel Spaß!

Sobald du im Grundmuster jonglieren kannst und einen Freund oder eine Freundin hast, die auch jonglieren kann, habt ihr tolle Möglichkeiten, gemeinsam zu jonglieren.

Hast du noch niemand, der jongliert, dann bring es doch einfach einem Freund oder einer Freundin bei. Für viele Partnerspiele braucht man nämlich noch gar nicht so gut jonglieren zu können.

Dein Freund oder deine Freundin stellt sich Schulter an Schulter neben dich und legt seinen/ihren Arm hinter deinen Rücken. Du legst deinen Arm auf seine oder ihre Schulter. Jetzt stellt euch vor, eure äußeren Hände wären die eines einzigen Jongleurs. Die linke äußere Hand hat einen Ball, die rechte äußere Hand hält zwei Bälle und beginnt. Sie wirft einen Ball im Grundmuster. Ist er an seinem höchsten Punkt, wirft die Linke ihren Ball im Grundmuster, dann ist wieder die Rechte dran. Es muß so aussehen, als ob da nur eine einzige Person jonglieren würde.

Zusammen braucht ihr nur drei Bälle. Ihr steht euch gegenüber. Beide stecken die linke Hand in die Tasche oder legen sie auf den Rücken. Und wie es genau geht, zeigen euch Jojo und Trixi:

Trixi hat zwei Bälle in der rechten Hand, Jojo einen. Trixi wirft einen Ball in einem hohen Bogen zu Jojo. Ist der Ball ungefähr in der Mitte, wirft Jojo seinen Ball zu Trixi und fängt den anderen. Ist Jojos Ball in der Mitte, schickt Trixi den zweiten weg. Kommt er zur Mitte, wirft Jojo den Ball, den er gerade in der Hand hat, zu Trixi zurück.

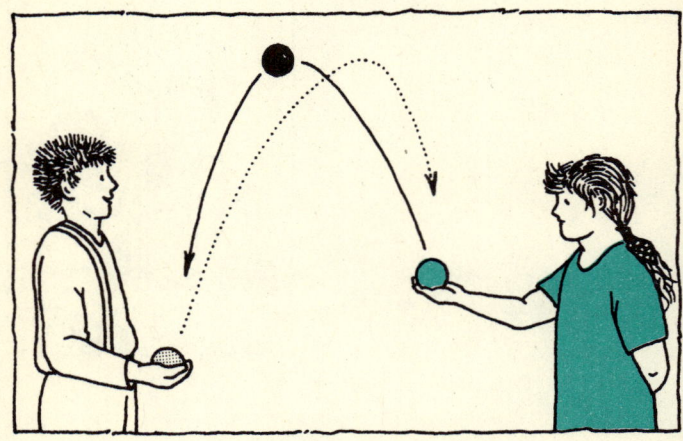

Könnt ihr das fließend mit der rechten Hand und ist euch das zu einfach, probiert es mit der linken. Es ist zwar etwas schwieriger, aber es lohnt sich.

Du stehst deinem Jonglierpartner gegenüber und jonglierst im Grundmuster. Auf ein Zeichen wirfst du die Bälle im Jonglierrhythmus anstatt zu ihrem Höhepunkt in hohem Bogen deinem Partner über Kreuz zu. Rechts – links – rechts. Dieser muß warten, bis der dritte Ball unterwegs ist. Erst dann kann er den ersten Ball aus der rechten Hand hochwerfen, um weiterzujonglieren.

Als Fänger möchte man den ersten Ball am liebsten in die Richtung loswerfen, aus der der letzte Ball kam. Daher muß man sich auf den ersten Ball konzentrieren und sich ganz fest vornehmen, den ersten Ball zum eigenen linken Höhepunkt zu werfen. Anstatt über Kreuz zu werfen, könnt ihr die Bälle genausogut gerade abgeben. Das ist allerdings ein bißchen schwieriger.

Jojo und Trixi machen es vor. Sie stellen sich gegenüber auf. Jojo jongliert schön hoch im Grundmuster. Trixi sucht sich einen Ball heraus, den sie als erstes klauen will, z. B. den roten. Kommt dieser rote Ball an den von Trixi aus gesehenen rechten Höhepunkt, geht's los. Sie hält ihre rechte Hand unter den Ball und zieht die Hand blitzschnell samt Ball wieder weg.

Die Hand nicht nach unten wegziehen, sonst kann es leicht sein, daß die Hand mit dem nächsten Ball, der nach oben fliegt, zusammenstößt.

Den nächsten Ball schnappt sie sich auf die gleiche Weise mit der linken Hand. Das muß sehr schnell gehen, damit Jojo den Diebstahl nicht »bemerkt« und aus dem Jonglier-rhythmus kommt.

Jetzt fehlt noch der dritte Ball. Und den muß nun Jojo freiwillig hergeben, damit die Jonglage weitergehen kann. Er wirft ihn zu Trixi hinüber. Trixi stellt sich vor, sie hätte diesen Ball schon selbst geworfen. Ist er am Höhepunkt angelangt, befördert sie den Ball aus ihrer rechten Hand schräg nach links oben.

Natürlich wird sich Jojo diese »unfreiwillige« Abgabe nicht einfach so gefallen lassen und sich die Bälle wieder zurückerobern.

Am Anfang werden sich die Bälle eher selbständig ma-chen, als mühelos den Besitzer zu wechseln. Vor allem darf sich der Jongleur, dem die Bälle geklaut werden, nicht da-von irritieren lassen, daß auf einmal ein oder zwei Bälle fehlen. Er muß jeden Ball so im Rhythmus abwerfen, als ob er noch alle hätte. Ist man erst einmal in diese »Diebes-kunst« eingeweiht, kann man sich stundenlang damit die Zeit vertreiben.

Ganz ähnlich funktioniert das Klauen von der Seite. Zuerst solltest du das direkte Klauen beherrschen, bevor du dich an diese Variante machst.

Du näherst dich unauffällig deinem jonglierenden Freund von der rechten Seite. Wieder hast du dir einen Ball ausgesucht, den du als erstes wegnehmen willst. Ist dieser am rechten Höhepunkt, schnappst du ihn mit der rechten Hand.

Der nächste Ball fliegt nach links, und du mußt ihn unbedingt jetzt erwischen. Dazu drängelst du dich frech etwas vor den überrumpelten Jongleur und schnappst den Ball mit der linken Hand.

Um den dritten Ball zu bekommen, bist du wieder auf die Mitarbeit deines Freundes angewiesen. Du wartest, bis dir der Ball von deinem Freund zwischen deinen ausgestreckten Armen von unten eingeworfen wird.

Erreicht er den Höhepunkt, kannst du wieder loslegen und den ersten Ball aus der rechten Hand loswerfen. Der Ball, den man dir zuletzt eingeworfen hat, wird mit der rechten Hand gefangen.

Nun bist du an der Reihe, beklaut zu werden. Dein Freund spurtet um dich herum und entwendet dir die Bälle. Mit der Zeit entsteht dabei ein richtiger Rundlauf. Ihr könnt versuchen, Rekorde aufzustellen, wie schnell ihr euch die Bälle abnehmt. Das Ganze funktioniert auch von der linken Seite, dann ist alles seitenverkehrt. Das heißt, du schnappst dir zuerst den Ball am linken Höhepunkt mit der linken Hand, danach den am rechten Höhepunkt mit der rechten Hand.

Trickkiste: Jongliermuster mit Bällen

Mit drei Bällen kann man fast unendlich viele Tricks machen. Hier findest du einige, die unterschiedlich schwer sind. Du kannst auch bei den Tüchern nachschauen. Ein paar von den Tüchertricks können auch mit Bällen gelernt werden, z. B.

- unter dem Fuß durch
- Säulen
- die Rückwärtskaskade
- Halbschauer
- Tennis

Ostfriesisch jonglieren

Dieses Jongliermuster geht einfach. Du kannst sogar ostfriesisch jonglieren, wenn du noch nicht mit drei Bällen in der Luft jonglieren kannst. Du mußt nur Schritt für Schritt der Beschreibung folgen.

Du hast zwei Bälle in der rechten Hand und einen in der linken. Aber anstatt den Ball loszuwerfen, klemmst du ihn unter die linke Achsel.

Den Ball aus der linken Hand klemmst du unter die rechte Achsel.

Laß jetzt den Ball, der unter der linken Achsel klemmt, in deine linke Hand fallen. Dazu mußt du die Hand nach innen drehen.

Nun ist Platz für den dritten Ball, den du noch in der rechten Hand hast. Er wird unter die freie linke Achsel geklemmt.

Den zweiten Ball läßt du in deine rechte Hand fallen, die jetzt frei ist.
Klemm wieder einen Ball unter die freie Achsel und laß den anderen in die freigewordene Hand fallen.

Sprungtuch

Das Sprungtuch ist ein nettes Muster, allerdings solltest du dazu ein T-Shirt tragen, das dir nicht gerade bis zu den Knien geht.

1. Schritt

Einen Ball beförderst du senkrecht mit der rechten Hand in die Luft. Solange er in der Luft ist, schnappst du mit beiden Händen die untere Kante deines T-Shirts, bildest eine kleine Kuhle und fängst den Ball darin auf. Um den Ball wieder herauszubekommen, spannst du das T-Shirt mit etwas Schwung, und der Ball fliegt nach oben. Der Ball sollte ungefähr bis in Kopfhöhe fliegen. Kommt er herunter, fang ihn mit der rechten Hand.

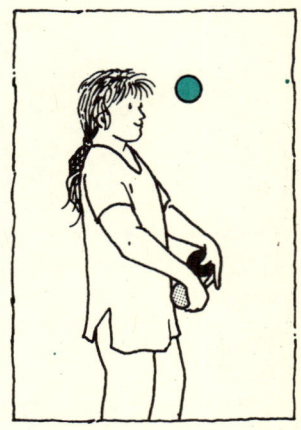

Die beiden anderen Bälle hast du jeweils in einer Hand und hältst sie so, daß Daumen und Zeigefinger frei sind, um das T-Shirt zu halten.

2. Schritt

Du jonglierst im Grundmuster. Wähle einen Ball aus, der ins Sprungtuch hüpfen soll, z. B. den roten. Beim nächsten Wurf aus der rechten Hand soll dieser Ball besonders hoch fliegen. Dadurch hast du mehr Zeit, dein T-Shirt zu greifen.

Der Ball landet im Sprungtuch und fliegt wieder nach oben. Dann läßt du das T-Shirt schnell los und machst dich startklar. Denn sobald der rote Ball am Höhepunkt ist, wirfst du den Ball aus der rechten Hand los. Und zwar schräg nach links oben.

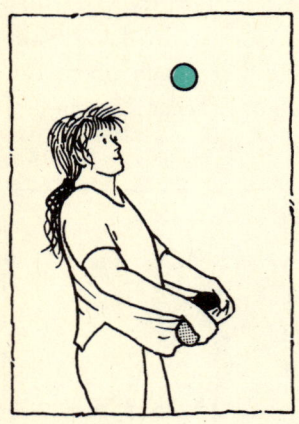

Bei diesem Muster lernst du, zwei Bälle in einer Hand zu jonglieren.

1. Schritt

In der rechten Hand hast du einen Ball. Den linken Arm streckst du gerade nach vorn. Jetzt wirfst du den Ball über den gestreckten Arm, ohne den Arm zu bewegen. Du kannst den Ball entweder von innen nach außen oder von außen nach innen werfen. Am besten ist, du probierst beides aus.

Wenn du genau auf deine Wurfhand achtest, wirst du bemerken, wie sie sich hin und her bewegt, um den Ball zu fangen.

Kannst du dich noch an die »gläserne Wand« erinnern, an der die Bälle entlangfliegen? Der Ball sollte sich nicht irgendwie durch den Raum bewegen, sondern gerade an dieser durchsichtigen Wand entlangfliegen. Wie klappt's mit links?

2. Schritt

Zwei Bälle befinden sich in deiner rechten Hand. Den linken Arm brauchst du nicht mehr. Der erste Ball wird in einem steilen Bogen losgeworfen. Sobald er am Höhepunkt ist, schickst du den zweiten hinterher. Hier sind ebenfalls zwei Richtungen möglich.

Auch jetzt bewegt sich deine Hand hin und her, um die Bälle zu werfen und zu fangen, nur etwas schneller als vorher.

Die Bälle sollten entlang der »gläsernen Wand« fliegen und sich in der Luft nicht wild um sich selbst drehen.

Übe den Übergang von der Kaskade zu diesem Muster. Du kannst dazu im Kapitel »Jonglieren mit Tüchern« nachschauen. Auf S. 26/27 ist der Übergang genauer beschrieben.

Den dritten Ball hältst du solange in der linken Hand fest, die sowieso im Moment nichts zu tun hat.

Spiele für viele

Seid ihr eine kleine Jongliergruppe, könnt ihr die Gelegenheit nutzen und ein paar Jonglierspiele ausprobieren. Das macht Spaß, und außerdem wird dabei euer Grundmuster viel sicherer. Die Spielregeln lassen sich oft irgendwie verändern, wenn euch das Spiel so nicht gefällt oder es euch zu langweilig wird.

Übrigens können die Spiele »Hindernisrennen« auf S. 41 und »Einer bleibt übrig« auf S. 40 auch problemlos als Jonglierspiel gespielt werden. Einfach die Balancierstäbe durch Bälle ersetzen.

Übergabestaffel

Wenn ihr das Abgeben (S. 83) schon geübt habt, könnt ihr eine Übergabestaffel machen.

Bildet zwei gleich große Mannschaften. Ihr steht in zwei Reihen hintereinander, nur der erste dreht sich um und schaut den zweiten in seiner Reihe an. Der erste hat als einziger drei Bälle. Nach dem Startsignal beginnt er im Grundmuster zu jonglieren und versucht so schnell wie möglich die Bälle an den zweiten abzugeben. Hat der zweite die Bälle, dreht er sich wieder um und übergibt sie jonglierend seinem Hintermann usw. Sind die Bälle beim letzten angekommen, rennt dieser jonglierend nach vorne, und das Ganze beginnt von neuem. Welche Mannschaft ist die schnellere?

Ihr könnt so eine Staffel auch mit dem »Rausklauen« spielen. Dauert es euch zu lange, bis ein Satz Bälle durch ist, laßt einfach einen zweiten Satz durchjonglieren, sobald die ersten Bälle ungefähr in der Mitte sind.

Für dieses Spiel für mehrere Mitspieler brauchst du ein ca. zwei Meter langes Seil (Wäscheleine) und mindestens drei Jonglierbälle.

Zwei Spieler halten das Seil etwa in Kopfhöhe und spannen es. Die Aufgabe besteht nun darin, daß alle nacheinander versuchen, jonglierend unter dem Seil durchzukommen, ohne dabei ihre Bälle zu verlieren. Die Bälle können über oder unter dem Seil durchjongliert werden. Wer einen Ball verliert oder die Jonglage unterbricht, scheidet entweder aus oder bekommt einen Strafpunkt.

Beim nächsten Durchgang wird das Seil etwas tiefer gehalten. So wird es immer schwieriger, jonglierend unter dem Seil durchzukommen. Das geht so lange, bis entweder alle ausgeschieden sind oder es niemand mehr schafft. Der Gewinner wird Bao-Bao-König.

Vielleicht kennt ihr dieses Spiel ja schon ohne Bälle. Ihr müßt euch alle im Kreis aufstellen. Jeder hat drei Jonglierbälle in der Hand. Ein Spieler läuft mit drei Jonglierbällen in der Hand um den Kreis. Bei irgend jemand stoppt er und sagt: »Hallo, Tommi, komm mit« oder »Hallo, Tommi, lauf weg.« Dann geht er jonglierend um den Kreis herum. Tommi schnappt sich ebenfalls seine Bälle und läuft jonglierend hinterher, wenn »komm mit« gesagt wurde. Bei »lauf weg« rennt er in entgegengesetzte Richtung. Wer als erstes wieder Tommis Platz erreicht, stellt sich dort hin. Der andere nimmt die Bälle in die Hand und macht seine Runde um den Kreis. Irgendwo bleibt er stehen und sagt vielleicht »Hallo, Petra ...« Und das Spiel beginnt von vorn.

Ihr könnt auch rückwärts um den Kreis laufen oder auf einem Fuß hüpfen. Aber dies erfordert schon gute Jonglierkünste!

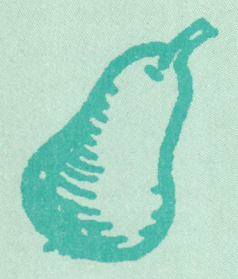

Jonglieren mit Ringen

Ringe sehen sehr schön aus, wenn sie jongliert werden, und die Zuschauer sind von diesem Anblick meist ganz begeistert. Ringe sind jedoch etwas schwieriger zu jonglieren als Bälle. Deshalb solltest du unbedingt bereits mit Bällen jonglieren können, bevor du dich an die Ringe wagst.

Selber machen kann man länger haltbare Ringe leider nicht. Aus Sperrholz ausgesägte Ringe gehen sehr schnell kaputt, wenn sie ein paarmal auf den Boden knallen. Und das ist beim Üben doch recht häufig der Fall.

Du brauchst:
- Jonglierringe aus Plastik gibt es in Jonglierläden, wo man für einen Ring ungefähr 10,– DM bezahlt.
- Wenn du noch billiger an Jonglierringe kommen willst, mußt du bei deinen Freunden nachfragen, ob irgend jemand seine Wohnung frisch gestrichen hat. Denn dann kann dir sicher derjenige den Plastikdeckel eines runden(!) Farbeimers geben. Aus dem Farbeimerdeckel mußt du das Innere so herausschneiden, daß du einen, vom Rand gemessen, ca. 4 cm breiten Ring erhältst.

Das Grundmuster, die Kaskade, funktioniert mit den Ringen genau gleich wie mit den Tüchern oder den Bällen. Allerdings gehst du am Anfang am besten nach draußen, denn die Ringe werden höher geworfen als Bälle. In einem Zimmer mit normaler Deckenhöhe wirst du große Schwierigkeiten haben, das Jonglieren mit Ringen zu lernen. Nicht nur, daß du deine Ringe nicht mehr fangen kannst, wenn sie einmal an die Decke geknallt sind. Auch herunterfallende Lampen können deine Jonglage stören.

Achtung! Achtung!
Hier kommt eine wichtige Durchsage:

- Die Flugbahn sieht bei den Ringen etwas steiler aus. Das bedeutet, daß die Höhepunkte höher sind und du die Ringe höher werfen mußt.
- Du fängst die Ringe nicht auf Brusthöhe, sondern in Kopfhöhe. Du mußt also hier die Arme zum Fangen und Werfen etwas nach oben nehmen.
- Damit du besser siehst, wie und wohin deine Ringe fliegen, legst du den Kopf etwas nach hinten.
- Beim normalen Fangen und Werfen der Ringe muß der Handrücken nach oben zeigen.

Ein Ring

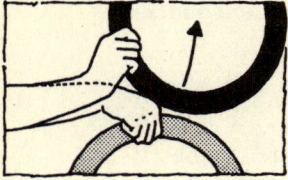

Wenn du den Ring beim Abwurf etwas andrehst, fliegt er besser und eiert nicht durch die Luft. Dazu kippst du dein Handgelenk nach unten und wirfst aus dem Handgelenk heraus.
Beginne mit einem Ring und wirf ihn schräg nach oben von einer Hand zur anderen. Du kannst Ringe viel höher werfen als Bälle. Dadurch hast du mehr Zeit zum Fangen.

Zwei Ringe

Jetzt geht es wie gewohnt im
Grundmuster weiter. Du
nimmst in jede Hand einen
Ring, wirfst den ersten los
und, sobald dieser oben ist,
den zweiten.

Drei Ringe

Und ab geht's mit drei Ringen. Einen Ring hast du in der linken Hand, zwei in der rechten. Wie du sie hältst, damit du sie gut loswerfen kannst, siehst auf der Zeichnung.

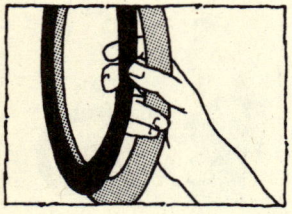

Einen Ring hältst du mit dem Daumen, dem Zeige- und dem Mittelfinger, den anderen mit dem Ringfinger und dem kleinen Finger.

Bist du bereit? Der erste Ring fliegt los. Sobald er am Höhepunkt ist, folgt der zweite Ring. Schließlich der dritte, dann wieder der erste...

Die »gläserne Wand«, die du von den Bällen schon kennst, mußt du dir jetzt ein Stück weiter vorne vorstellen, also ca. 50 cm vor deinem Körper.

Du mußt ein bißchen aufpassen, wenn ein Ring nicht so fliegt, wie du es geplant hattest. Trifft er ein paarmal deinen Kopf, wirst du die Lust am Jonglieren mit Ringen schnell verlieren.

Viele Balltricks kann man auch mit Ringen lernen. Dazu gehören »Zwei in einer Hand«, »Säulen«, »Unter dem Fuß durch« und die »Rückwärtskaskade«.

Es gibt aber noch ein paar ganz besondere Tricks, die man nur mit Ringen machen kann. Für die Tricks mit Ringen brauchst du etwas Ausdauer. Aber dafür sind sie auch etwas Besonderes, das nicht jeder hat und kann.

Farbwechsel

Für diesen ganz besonderen und für Zuschauer verblüffenden Trick mußt du deine Ringe präparieren. Du beklebst eine Seite des Rings mit einer andersfarbigen Klebefolie. Beim Jonglieren sieht es dann so aus, als könntest du sogar zaubern, denn die Ringe wechseln die Farbe.

Doch bevor du dir die Arbeit machst und deine Ringe in zweifarbige Ringe verwandelst, lerne erst das Muster. Macht es dir keinen Spaß, brauchst du deine Ringe nicht zu bekleben.

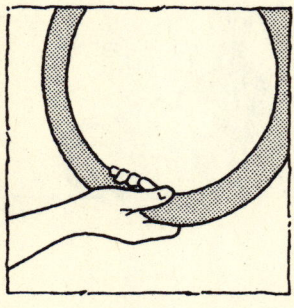

1. Schritt

Nimm einen Ring und wirf ihn hoch, fang ihn mit der anderen Hand. Jetzt kommt das Besondere: Du fängst ihn nicht wie gewohnt, sondern drehst deine Hand so, daß der Handrücken nach unten zeigt. Um den Ring wieder zu werfen, drehst du die Hand zurück in die normale

Haltung. Wenn dir jemand
von der Seite zuschaut, hat er
den Eindruck, du hättest die
Farbe des Rings verändert.
Dabei hast du den Ring beim
Fangen so umgedreht, daß
jetzt die andersfarbige Seite
zu sehen ist.

2. Schritt

Nachdem du das Drehen des
Ringes mit der rechten und
linken Hand gelernt hast,
geht's mit zwei Ringen weiter. Du nimmst in jede Hand
einen Ring. Wirf zuerst den
Ring aus der linken Hand,
dann den aus der rechten im
Grundmuster. Zum Fangen
drehst du zuerst nur die
rechte Hand um und zum
Werfen wieder zurück.
Wenn das klappt, drehst du
nur die linke Hand um.
Schließlich drehst du zum
Fangen und Werfen beide
Hände um.

3. Schritt

Falls du die ersten beiden Schritte gut beherrschst, wird dir der letzte nicht mehr allzu schwer fallen. Du beginnst im Grundmuster zu jonglieren. Such dir einen Ring heraus, den du als ersten umdrehen möchtest. Ist er an der Reihe, um von der rechten Hand gefangen zu werden, dreht sich diese Hand um und fängt den Ring.

Schnell dreht sie sich zurück in die Wurfposition und schickt den Ring los.

Geschafft? Versuche es gleich noch einmal. Wenn dir der Trick gelingt, kannst du die Ringe bekleben. Der tolle Effekt für die Zuschauer ist schon da, wenn du nur ab und zu einen Ring umdrehst.

Je öfter ein Ring die Farbe wechselt, desto besser sieht es aus. Das muß langsam geübt werden: Probiere zuerst nur, einen ausgewählten Ring mit der rechten Hand umzudrehen. Dann drehst du einen Ring mit der rechten und der linken Hand. Trainiere, immer mehr Ringe in der rechten Hand umzudrehen, dann in der linken. Wenn du es schaffst, jeden Ring umzudrehen, dann bist du Spitzenklasse.

Und so präparierst du die Ringe:
Du besorgst dir drei verschiedenfarbige Selbstklebefolien. Du legst die Ringe auf die Folien und klebst sie fest.

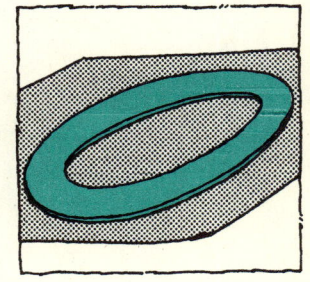

Danach schneidest du die überstehende Folie ab. Am besten geht das mit einem Messer. Du mußt aber unbedingt eine dicke, alte Zeitung als Unterlage unterlegen. Sonst hast du ruck, zuck die Form deiner Ringe auf dem Tisch verewigt.

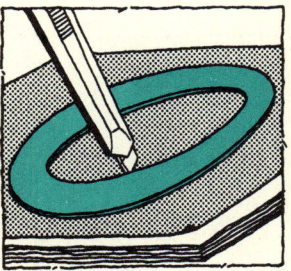

1. Schritt

Für diesen Trick mußt du lernen, einen Ring ganz stark anzudrehen. Dazu wirfst du ihn nicht besonders hoch, sondern gibst ihm viel Schwung aus dem Handgelenk deiner rechten Hand. In der linken Hand hast du einen Ring, den du waagrecht vor dir hältst. Fang den angedrehten Ring mit dem waagrechten Ring auf. Hat er genug Schwung, wird er kurze Zeit auf dem Ring stehenbleiben.

Kurz bevor der stehende Ring umkippt, wirfst du ihn wieder mit dem waagrechten Ring in die Luft. Das Hochwerfen ähnelt einem »Hochschaufeln«. Warte mit dem Hochwerfen nicht zu lange, sonst fliegt der Ring nach dem Loswerfen zu unsauber und zu unkontrolliert und macht das Fangen schwierig. Du fängst den Ring mit der rechten Hand auf.

2. Schritt

Jongliere im Grundmuster mit drei Ringen und such dir den Ring aus, der sich nachher auf dem anderen drehen soll. Kommt er in deine rechte Hand, drehst du ihn stark an. Den Ring in der linken Hand drehst du in eine waagrechte Position, daß der angedrehte Ring darauf landen kann. Der Ring, der gerade in der Luft ist, wird inzwischen von der rechten Hand gefangen und bleibt zunächst dort. Solange sich der Ring dreht, bleibt der dritte Ring in der rechten Hand.

Bevor der Ring zu kippen droht, wird er wieder hochgeschickt. Warte damit nicht zu lange! Ist er am höchsten Punkt, wirfst du den Ring aus der rechten Hand los – und hast die Hand frei, um den angedrehten Ring zu fangen. Jetzt kann es im Grundmuster weitergehen.

Zum Abschluß deiner Jonglage kannst du die Ringe einfach fangen oder um deinen Hals stapeln. Den Ring, der in der rechten Hand ankommt, legst du um deinen Hals. Achtung! Dieser Trick funktioniert nur, wenn du einen kleinen Kopf hast!

Den nächsten Ring, den du in die rechte Hand bekommst, stapelst du drauf.

Zum Schluß kommt der dritte Ring dazu. Und wenn du Zuschauer gehabt hast, mußt du dich jetzt verbeugen.

Spielen mit dem Diabolo

Das Diabolo ist ein sehr altes Jongliergerät, mit dem vielleicht schon deine Ururgroßmutter gespielt hat. Damals waren die Diabolos noch aus Holz, heute sind sie aus Kunststoff und ziemlich stabil. Es gibt sie in drei verschiedenen Größen. Das mittlere oder das große ist für dich am besten geeignet. Die kleinen sind zwar am billigsten, aber mit ihnen ist das Jonglieren sehr schwer.

Du brauchst:
– Diabolos, die du in jedem Jonglierladen bekommst. Zur Zeit kostet das mittlere ca. 36,– DM und das große ca. 49.– DM. Die beiden Handstöcke und die Schnur, die du zum Diabolo-Jonglieren brauchst, sind im Preis inbegriffen.

Bevor du loslegst, denk daran: Das Diabolo ist ein Freiluftgerät. Du brauchst sehr viel Platz, vor allem nach oben ... außer du hast vor, deine Zimmereinrichtung zu demolieren.

Die Schnur zwischen den Handstöcken sollte nicht zu lang und nicht zu kurz sein. Wenn du die Stöcke in die Hand nimmst und die Arme waagrecht zur Seite streckst, muß die Schnur gespannt sein. So kannst du prüfen, ob sie für dich genau richtig ist:

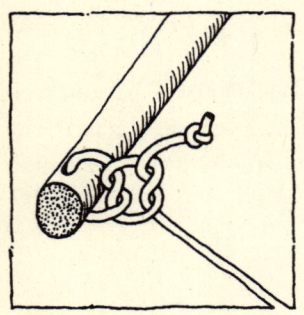

Mit diesem Knoten kannst
du die Schnur sicher
und haltbar festknoten.

Damit sich das Diabolo auf der Schnur halten kann, muß
es sich schnell auf ihr drehen. Bei einem einfarbigen Diabolo weiß man am Anfang oft nicht, ob es sich nun dreht
oder nicht, und wenn ja, wie schnell. Um das ganz leicht
überprüfen zu können, kannst du dir eine kleine Markie-
rung auf dein Diabolo machen. Dafür eignen sich zum
Beispiel farbige Klebepunkte oder -streifen.

Du stehst ganz locker da und
hast deine Handstöcke fest,
aber nicht verkrampft in der
Hand.
Das Diabolo liegt etwas
rechts vor dir auf dem Boden. Die Schnur liegt unter
dem Diabolo. Der Stab in
der rechten Hand zeigt etwas
nach unten.

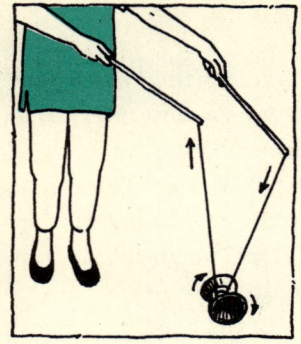

Zunächst einmal rollst du
dein Diabolo mit Hilfe der
Schnur von rechts nach links
und hebst dabei die rechte
Hand an, die linke geht nach
unten.

*Schon befindet sich das
Diabolo auf der Schnur und
in der Luft.*

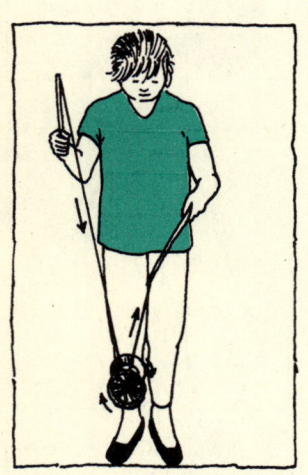

Damit es dort bleibt, machst
du folgendes: Du führst
die rechte Hand wieder nach
unten und die linke nach
oben, gerade so, daß die
Schnur gespannt bleibt. Dadurch verhinderst du, daß
das Diabolo von der Schnur
springt.

Sobald die Spitze vom rechten Handstock ungefähr zwischen 10 und 40 cm unter dem linken Handstock ist, ziehst du den rechten Handstock kräftig nach oben. Die linke Hand geht gleichzeitig nach unten, denn das Diabolo selbst sollte sich nicht stark auf und ab bewegen. Also die rechte Hand zieht, die linke Hand gibt nach.

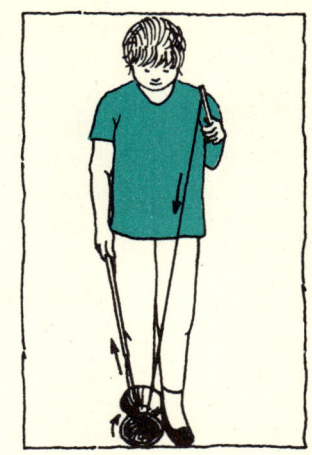

Das Diabolo dreht sich nur in eine Richtung!

Nun die rechte Hand wieder senken, die Schnur dabei gestrafft halten. Dazu geht die linke Hand nach oben, aber ohne zu ziehen.

*Ziehen – nachgeben –
ziehen – nachgeben...*

Achtung! Achtung!
Hier kommt eine wichtige Durchsage:

- Nur die rechte Hand zieht schnell und stark nach oben. Die linke gibt immer nur nach.
- Die Bewegung ist »einseitig«, obwohl es für einen Zuschauer so aussieht, als ob beide Hände die Stöcke nach oben ziehen würden. Laß dich nicht täuschen!
- Ruhig und gleichmäßig ziehen. Ziehst du hektisch und ruckartig, kann dir leicht das Diabolo von der Schnur springen.
- Versuche immer, das Gewicht vom Diabolo in der Schnur zu spüren.

Das Diabolo dreht sich endlich auf der Schnur. Trotzdem kann es sein, daß es plötzlich kippt und sich in der Schnur verheddert! Keine Bange, dein Diabolo ist nicht betrunken. Das Problem ist leicht zu beheben, wenn du ein paar Tricks kennst.

Wenn das Diabolo nach vorne kippt:
Während du das Diabolo weiter antreibst, ziehst du die rechte Hand etwas zu dir hin zurück. Steht es dann gerade, gehe mit der Hand in die Ausgangsposition zurück. Sonst fängt das Diabolo an, in die andere Richtung zu kippen.

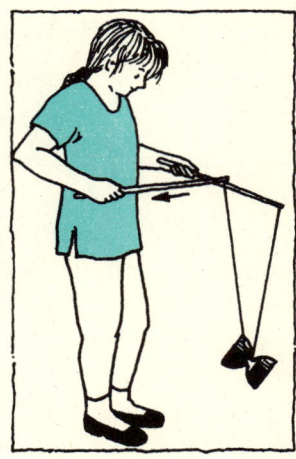

Wenn das Diabolo nach hinten kippt:
Du treibst es weiter an und schiebst dabei die rechte Hand etwas nach vorne. Wenn das Diabolo wieder gerade steht, mußt du in die Normalposition zurückgehen, damit es gerade bleibt.

Es kommt manchmal vor, daß sich das Diabolo nach links oder rechts von dir wegdreht. Da du aber immer genau hinter dem Diabolo stehen solltest, mußt du ihm nachgehen und dich immer wieder dahinterstellen, wenn es sich von dir wegdreht. Wenn du deinem Diabolo nicht ständig nachgehen willst, kannst du versuchen, das Diabolo mit dem rechten Handstock zu korrigieren. Dazu muß es sich aber sehr schnell drehen, und am Anfang ist das nicht ganz leicht.

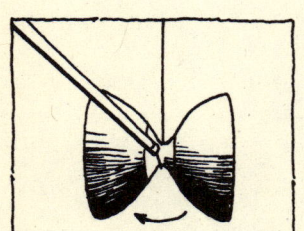

Und so funktioniert es:
Berührst du den hinteren Teil des Diabolos mit der rechten Stockspitze, dreht es sich nach links.

Bremst du die hintere Diabolohälfte mit dem linken Stock, dreht es sich nach rechts.

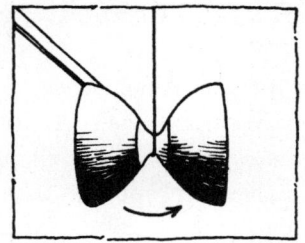

Jetzt kannst du versuchen, das Diabolo immer schneller anzutreiben. Nicht verzweifeln und fluchen, wenn sich das Sch ... ding zum x-tenmal in der Schnur verheddert. Ruhig bleiben, Nerven behalten und aufknoten.

Schüttel zwischendurch immer wieder deine Hände und Arme aus. Am Anfang verkrampft man sie oft.

Mit dem Anpeitschen kannst du dein Diabolo besonders schnell antreiben. Außerdem sieht diese Art des Antreibens sehr professionell aus. Am Anfang fliegt das Diabolo dabei gern von der Schnur. Nicht ärgern! Du bekommst eine gute Kondition, wenn du deinem Diabolo ständig hinterherjagst!

Das Anpeitschen brauchst du nur für Tricks, bei denen sich das Diabolo besonders schnell drehen muß, sonst reicht das normale Antreiben aus.

Du rollst das Diabolo an und bringst es wie gewohnt in Schwung. Die linke Hand bleibt ruhig, und die rechte Hand macht die Hauptarbeit. Als erstes ziehst du mit Schwung den rechten Stock unter dem linken Stock so weit wie möglich nach links.

Sobald das Diabolo ebenfalls nach links schwingt, ziehst du den Stock schnell wieder nach rechts zurück.

Dann »peitschst« du das
Diabolo wieder nach links.

Peitschen – ziehen –
peitschen...

Um zu verhindern, daß das Diabolo anfängt, zu dir zu
kippen, kannst du zwischendurch immer wieder mal die
rechte Hand über den linken Stock peitschen.

Sobald du dein Diabolo schnell genug angetrieben hast, kann es mit den Tricks losgehen. Zuvor muß jedoch das Diabolo ganz gerade stehen und du genau hinter ihm. Sonst geht der Trick in die Hose und das Diabolo in die Büsche.

Ganz praktisch ist es, wenn du die Trickabläufe zuerst nur mit den Handstöcken ohne Diabolo durchprobierst. Sozusagen als »Trockenübung«, bis du den Bewegungsablauf flüssig kannst.

Hochwerfen

Das Hochwerfen ist am einfachsten und macht am meisten Spaß. Man kann sich selbst herausfordern, indem man versucht, immer höher und höher zu werfen und wieder zu fangen. Achtung, Kopf!

Für das Hochwerfen mußt du das Diabolo schnell antreiben. Wenn es gerade steht, nimm die Arme hoch und gleichzeitig auseinander. Spannt sich die Schnur, springt das Diabolo nach oben.

Zum Auffangen läßt du die
Schnur gespannt und
zielst mit der rechten Stockspitze auf die Mitte des
Diabolos und fängst es auf.

Sobald das Diabolo auf der Schnur ist, gehst du mit der rechten Hand nach unten, um es weich abzufangen. Wenn du nicht nachgibst, hüpft es dir davon. Inzwischen ist das Diabolo viel langsamer geworden und droht von der Schnur zu kippen. Jetzt mußt du es dringend wieder antreiben.

Wirf das Diabolo am Anfang nicht so hoch. Es ist dann leichter zu fangen. Steigere die Wurfhöhe erst langsam.

Verwickelt sich dein Diabolo oder kippt von der Schnur, sobald du es wieder fängst? Dann kann es sein, daß es vor dem Hochwerfen nicht gerade war oder daß es zu wenig Schwung hatte.

Wurfvarianten

Du kannst das Diabolo auch ein paarmal kurz hintereinander auf der Schnur hüpfen lassen: doing – doing – doing. Oder du kannst es ganz hoch werfen, dich einmal drehen und es wieder fangen. Oder du wirfst es sehr hoch und benutzt einmal deine Stäbe und die Schnur zum Seilspringen, bevor du das Diabolo wieder fängst.

Wirf das angetriebene Diabolo hoch. Während es in der Luft ist, nimmst du die Arme mit Handstöcken und Schnur über den Kopf. Schau nach rechts und ziele mit dem rechten Handstock auf das Diabolo.

Anstatt das Diabolo jetzt vor dem Körper abzufangen, kippst du die Handgelenke mit den Stöcken nach hinten und bringst so das Diabolo hinter deinen Rücken.

Versuche das Diabolo so weich wie möglich zu fangen. Das ist leichter, wenn du beim Fangen etwas in die Knie gehst.

Zum Hochwerfen spannst du die Schnur. Geh dann lieber einen Schritt zurück, damit es vor dir herunterkommt. So bekommst du es nicht auf den Kopf und kannst es besser auffangen.

Anstatt das Diabolo ganz normal zu fangen, kannst du die Arme dabei auch kreuzen. Dann peilst du es über Kreuz an und fängst über Kreuz.

Sobald du das Diabolo gefangen hast, kannst du entweder die Handstöcke tauschen, also entkreuzen, oder du wirfst das Diabolo aus dieser Stellung wieder los. Dazu spannst du die Schnur zwischen den Handstöcken mit gekreuzten Armen auseinander.

Das muß schnell nach dem
Fangen geschehen, denn
das Diabolo hat inzwischen
schon viel Schwung verloren.
Und über Kreuz richtig antreiben ist ganz schön schwer.
Zum Schluß wird das Dia-
bolo in der Ausgangsstellung
gefangen.
Das Über-Kreuz-Fangen-und
-Werfen kann später Teil
eines Tricks sein, z. B. beim
Einfangen und beim Kreuz.

Einfangen

Du treibst dein Diabolo
schnell an und läßt es ganz
nah an den rechten Hand-
stock rutschen. Die linke
Hand ist oben. Das Diabolo
befindet sich ungefähr in
Kniehöhe.

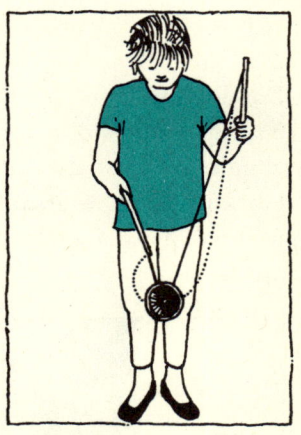

Du umkreist blitzschnell das Diabolo mit dem rechten Stock.
Fang das Diabolo wieder ein. Du hast jetzt gekreuzte Arme. Du kannst entweder die Handstöcke tauschen oder über Kreuz hochwerfen. Das ganze Geheimnis dieses Tricks liegt wirklich darin, blitzschnell zu sein, damit du das Diabolo überlisten kannst.

Kreuz

Das Diabolo wird hochgeworfen und mit über Kreuz gehaltenen Handstöcken gefangen. Falls du das noch nicht kannst, tauschst du einfach die Handstöcke. Den linken Stock über den rechten. Dann bewegst du die rechte Hand nach rechts und ziehst dabei die Schnur über den linken Stock.

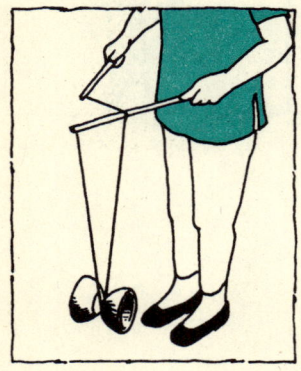

Dann stichst du mit dem
rechten Handstock zwischen
die linke Stockspitze und die
von dort herunterhängende
Schlaufe.

Mit Schwung ziehst du beide
Hände auseinander. Das
Diabolo fliegt hoch. Schnell
richtest du die Stockspit-
zen nach oben und fängst
das Diabolo auf dem Schnur-
kreuz.

Die Auflösung der Figur
ist ganz einfach: Du drehst
die Stockspitze nach innen,
und das Diabolo rutscht
nach unten durch.

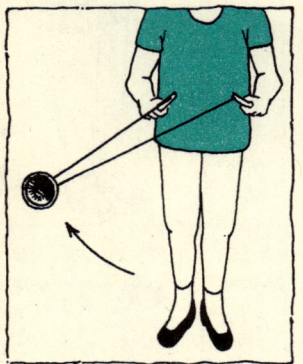

Du schwingst das an-
getriebene Diabolo nach
rechts.

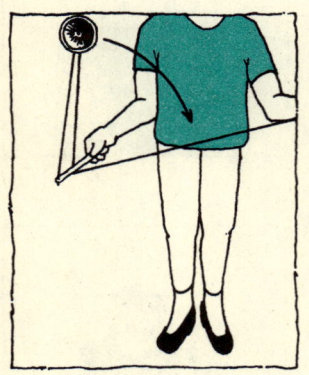

Mit genügend Schwung fliegt
das Diabolo um den rech-
ten Handstock herum nach
links. Dabei ist es ganz wichtig, daß du den Abstand
zwischen den beiden Stöcken
nicht verringerst. Sonst wik-
kelt sich die Schnur eng um
beide Stäbe, und du hast
nachher keinen Platz mehr,
um das Diabolo dazwischen
aufzufangen.

Fliegt das Diabolo gerade, kannst du es mit der Schnur zwischen den beiden Stöcken auffangen. Dort dreht es sich hoffentlich noch etwas weiter. Um das Diabolo wieder zu befreien, ziehst du die Hände auseinander und mit etwas Schwung nach oben. Die Schnur spannt sich, und mit dem Schwung kommt dein Diabolo wieder frei.

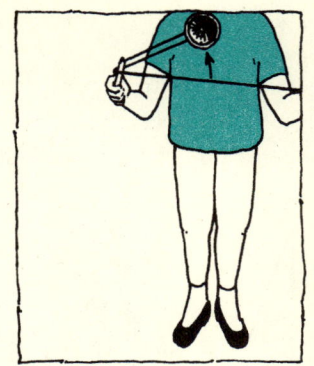

Am Anfang kann es sein, daß du zuviel Zeit brauchst und das Diabolo zu langsam wird, bis du es wieder loswirfst. Mach dir nichts draus, mit etwas Übung wirst du schneller und genauer. Diesen Trick kannst du auch mit der linken Seite probieren. Er funktioniert genau wie beschrieben, nur seitenverkehrt.

Für diesen Trick brauchst du einen sicheren Stand auf einem Bein. Nachdem du dein Diabolo angetrieben hast, hebst du dein angewinkeltes Bein über die Schnur.

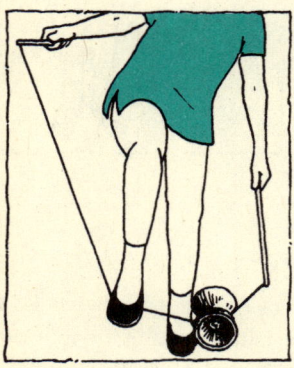

Das Diabolo ist näher am linken Handstock, der Fuß rechts daneben.

Nun ziehst du die linke Hand hoch und spannst damit die Schnur gegen den Fuß. Das Diabolo löst sich von der Schnur, fliegt in einem kleinen Bogen nach rechts und landet wieder auf der Schnur.

Ist das Diabolo auf der
Schnur, bewegst du die rechte
Hand nach rechts, damit
es nicht an deinen Fuß stößt.
Außerdem mußt du mit der
Schnur etwas nachgeben.
Das Diabolo soll ja nicht weg-
springen.

Wenn du kannst, laß den Fuß ruhig stehen. Nimmst du
ihn weg, bevor das Diabolo die Schnur wieder berührt,
fehlt die Spannung der Schnur, um das Diabolo wieder zu
fangen.

Treib dein Diabolo an und
laß es zum linken Handstock
rutschen. Die Schnur legst du
um den rechten Oberarm so,
wie es die Abbildung zeigt.

Die linke Hand zieht schräg
nach oben und spannt die
Schnur. Das Diabolo fliegt
los.

Die obere Schnur nimmt das Diabolo entgegen. Nun mußt du den rechten Handstock mit einer Drehung aus dem Handgelenk nach rechts führen. So hat das Diabolo genügend Platz, um am Arm vorbeizukommen und nicht hängenzubleiben.

Diabolospaß zu zweit:
Für zwei Spieler und ein Diabolo

Für diese Spiele braucht ihr nur noch zusätzliche Ersatzstäbe. Im Laden kosten sie ungefähr 10,– DM. Ihr könnt euch die Handstöcke auch selbst basteln:

Zwei Rundhölzer von 12 mm Durchmesser werden auf eine Länge von 50 cm abgesägt. An jeweils einem Ende muß ein Loch durch den Stab gebohrt werden. Wenn die Ersatzschnur (z. B. Drachenschnur) gut festgeknotet ist, sind die neuen Handstöcke fertig. Die selbstgebauten Stäbe kosten nur ungefähr 2,– DM.

Zuwerfen

Du treibst das Diabolo an.
Dein Jonglierpartner steht
mit Ersatzstäben fangbereit
neben dir. Ihr schaut beide
in die gleiche Richtung.
Du wirfst dein Diabolo deinem Partner seitlich zu.
Der versucht, das Diabolo
anzupeilen und zu fangen.

Im Lauf eines Übungsnach-
mittags könnt ihr den Ab-
stand zwischen euch immer
weiter vergrößern. Wie-
viel Meter Entfernung ist
euer Rekord?

Nach hinten abgeben

Man kann sich das Diabolo
nicht nur seitlich zuwerfen,
sondern es auch nach hinten
abgeben. Das ist eine kleine
Steigerung im Schwierigkeitsgrad. Dazu steht ihr hintereinander, schaut aber in die
gleiche Richtung.

Gegenüber

Wenn du das Diabolo einem Gegenüber zuwerfen willst, ist zwar das Werfen und Fangen nicht schwer, aber beim Antreiben gibt's Probleme. Das Diabolo muß sich während der ganzen Zeit in eine Richtung drehen. Deswegen muß einer von euch beiden das Diabolo mit einem starken Zug der linken Hand antreiben. Man kann aber auch die Handstöcke nach dem Fangen überkreuzen und »normal« antreiben. Zum Werfen wieder entkreuzen!

Zwei Spieler – zwei Diabolos

Zwei Diabolos könnt ihr genauso zuwerfen. Allerdings müßt ihr daran denken, die Diabolos gleichzeitig loszuwerfen. Dazu zählt ihr vielleicht am besten zusammen auf drei. Macht vorher aus, wer ein bißchen höher wirft, sonst kommt es in der Luft schnell zu Diabolo-Zusammenstößen.

Balancieren auf dem Rola-Brett

Du denkst bestimmt: Was ist denn das? Das Rola-Brett ist ein Holzbrett, das auf einer Rolle liegt und auf dem man balancieren kann. Dieses Jongliergerät kannst du billig selber machen.

Du brauchst:
- ein Holzbrett, das ca. 2 cm dick und 30 × 60 cm groß ist. Geeignet ist eine Tischlerplatte oder Sperrholz; eine Spanplatte sollte noch dicker sein.
- zwei Holzleisten, je 2 cm dick und 30 cm lang
- eine 30 bis 50 cm lange Rolle, Umfang ca. 35 cm (Pappe oder Kunststoff)

Falls es in deiner Nähe eine Zeitungsdruckerei gibt, kannst du dort einmal nachfragen, ob du eine leere Rolle aus festem Karton geschenkt bekommst. Vielleicht kann dir dein Vater helfen, ein Stück von der Rolle abzusägen. Schon hättest du eine schöne Rola-Rolle.

Vielleicht gibt es in deiner Nähe zur Zeit eine Baustelle. Meistens gibt es dort noch Reststücke von Abflußrohren. Du bekommst sie bestimmt ganz billig, wenn du die Bauarbeiter darum bittest.

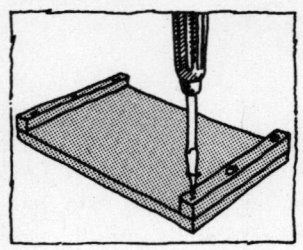

Jetzt mußt du die Leisten rechts und links unten an dein Brett schrauben. Die Leisten verhindern, daß das Brett einfach von der Rolle rutscht.

Bevor du loslegen kannst, beachte diesen wichtigen Hinweis: Übe am Anfang nie allein, denn mit Hilfestellung geht es leichter. Bitte einen Freund, eine Freundin, Schwester oder Oma, dir zu helfen. Du kannst ihnen ja dann ebenfalls helfen, das Balancieren auf dem Rola-Brett zu lernen. Allein ist das Balancieren am Anfang gefährlich, denn schnell hast du das Gleichgewicht verloren und liegst auf der Nase.

Als erstes legst du dein Brett
so auf die Rolle:

Eine Sicherheitsleiste liegt
direkt an der Rolle, die andere Seite liegt auf dem
Boden. Den ersten Fuß stellst
du auf die Seite, die auf
dem Boden liegt, sonst bekommst du das Brett an den
Kopf.

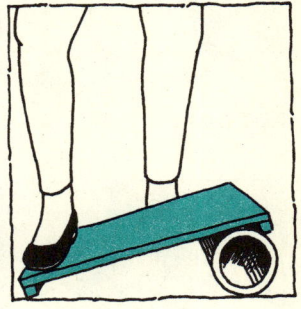

Den zweiten Fuß stellst du
auf die andere Seite.

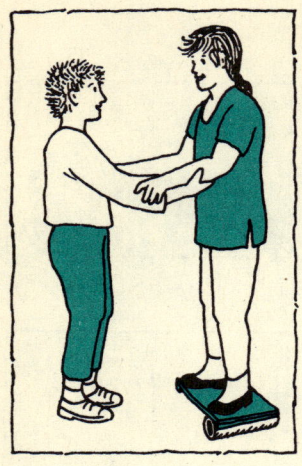

Dein Helfer stellt sich vor
dich und bietet seine Arme
zum Halten an. Halte dich
an den Unterarmen deines
Helfers fest. Versuche in den
Schultern locker zu bleiben.

Um mit dem Brett auf die
Mitte der Rolle zu kom-
men, verlagerst du langsam
dein Gewicht auf den Fuß,
der auf der Rolle steht,
und schiebst deine Hüfte mit
kleinen »Hüftschwüngen«
nach links in die gleiche
Richtung.

Nun versuche das Gewicht immer so auszugleichen, daß du dich auf der Rolle halten kannst. Die Rolle und das Brett rollen dabei immer etwas hin und her.

Achtung! Achtung!
Hier kommt eine wichtige Durchsage:

- Schau geradeaus. Such dir einen Punkt an der Wand, die du anschaust, oder lächle ganz entspannt deinen Helfer an.
- Halte deinen Oberkörper gerade, Schultern locker.
- Stell dir vor, du hättest Gummiknie und Gummihüften. Dein Körper muß ganz beweglich sein, um gut ausgleichen zu können.
- Übe das rechtzeitige Abspringen. Sobald du merkst, daß du die Kontrolle über das Brett verlierst, setz eine Seite des Bretts auf dem Boden ab oder springe sanft nach hinten ab. Das verhindert unkontrollierte Stürze.
- Bist du schon sicherer, laß langsam eine Hand deines Helfers los. Du kannst dich auch von hinten an der Hüfte halten lassen. Du kannst kurz die Augen schließen und probieren, was das für ein Gefühl ist.
- Jetzt kannst du auch einmal allein üben. Ein sicherer Halt sollte trotzdem in deiner Reichweite sein. Eine Kommode oder ein Fensterbrett (am besten ohne die Kakteen) ist ganz praktisch.
- Vergewissere dich vorher, ob du genügend Platz hast oder ob irgendwelche Kanten und Ecken in deiner Reichweite sind, an denen du dich verletzen könntest.

Lerne die Arme unabhängig voneinander zum Balancieren zu bewegen:

- Streck sie nach vorne, nach oben, nach unten. Spiel den Verkehrspolizist, der den Verkehr regelt, den Dirigenten, der sein Orchester leitet, oder einen Maler, der eine riesige Wand streicht.
- Verschränke die Arme vor deiner Brust oder halte sie hinter deinem Rücken.
- Zu zweit könnt ihr euch einander gegenüber aufstellen und euch gegenseitig Witze erzählen oder Kopfrechenaufgaben stellen. Legt ihr die Bretter genau gegenüber, könnt ihr euch an den Händen fassen und eine Kniebeuge versuchen.

Trickkiste

Alle Übungen und Tricks solltest du zuerst mit einem Helfer üben, bevor du sie allein ausprobierst!

Ein spektakulärer Aufsprung

Bei diesem Anfang werden die Zuschauer die Luft anhalten! Du stehst vor dem Brett und hältst es mit zwei Fingern im Gleichgewicht. Dein Helfer steht dir gegenüber auf der anderen Seite des Bretts.

Spring aus dem Stand auf das Brett, dein Helfer kann dich auffangen, wenn du mit zuviel Schwung aufkommst. Du kannst dich auch gleich an seinen Händen festhalten.

Schaffst du es, ohne Absetzen weiterzubalancieren? Nur Mut! Du mußt es versuchen! Nach dem ersten Mal ist es gar nicht so schwierig.

Gegenstände aufsammeln

Du balancierst auf dem Brett. Vor dir liegt ein Gegenstand auf dem Boden. Dein Helfer kann dich von hinten an der Hüfte halten. Vorsichtig bückst du dich, holst den Gegenstand (Ball, Tuch oder Ring), richtest dich langsam wieder auf. Mit einem Tuch kannst du noch winken.

Skateboard

Das Brett liegt mit einer Seite auf der Rolle, mit der anderen auf dem Boden. Den ersten Fuß setzt du gerade auf die Bodenseite, den anderen setzt du gedreht auf. Du stehst auf dem Rola-Brett wie auf einem Skateboard.

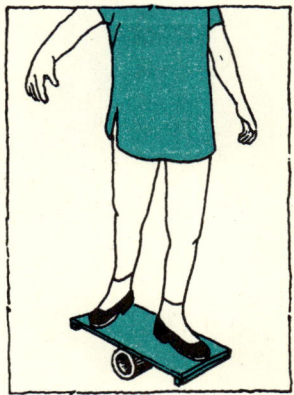

Versuche es auch in die andere Richtung. Dreh dich vom normalen Stand in die Seitenposition und wieder zurück.

Besonders beeindruckend ist es, wenn du nicht nur auf dem Rola-Brett stehst, sondern dabei Tücher, Bälle und Ringe jonglierst, Gegenstände balancierst oder Diabolo spielst.

Das geht, sobald du dich nicht mehr darauf konzentrieren mußt, auf dem Brett zu bleiben, und du deine Arme frei bewegen kannst.

Ein paar Tips und Ideen
für einen Auftritt

Aufzutreten kostet zwar ein bißchen Überwindung und Mut. Aber es lohnt sich, denn es macht auch sehr viel Spaß. Und ein Anlaß findet sich schon, z. B. bei der Faschingsfeier der Klasse, dem Geburtstag der Großtante oder beim Altennachmittag…

Es ist einfacher, ein Programm zusammenzustellen, wenn mehrere zusammenhelfen. Zu zweit hat man auch vor dem Publikum nicht so viel Angst. Doch mit etwas Mut geht es auch allein.

Vielleicht könnt ihr eure Jonglier- und Balanciertricks in eine lustige Geschichte verpacken. Wenn ihr euch dann noch lustig verkleidet und ausgefallene Requisiten verwendet, ist die Show fast perfekt.

Bei einer Aufführung kommt es gar nicht so darauf an, wie gut ihr schon jonglieren könnt. Es macht auch nichts aus, wenn das eine oder andere Jongliergerät herunterfällt. Wichtig ist, daß ihr Spaß daran habt und euch über nichts ärgert, egal, was passiert. Denn dieser Spaß überträgt sich dann automatisch auf die Zuschauer.

Und damit ihr es am Anfang leichter habt, gibt's hier noch ein paar Ideen für lustige und beeindruckende Nummern:

Tüchertanz

Den Tüchertanz von S. 13 könnt ihr noch ausbauen, wenn ihr mindestens zu dritt seid. Zu klassischer Musik und als Ballettänzer verkleidet, kann es ganz witzig aussehen. Vielleicht gibt's einen Tolpatsch, der alles durcheinanderbringt.

Die balancierten Eier

Für diese Nummer kannst du dich z. B. als Koch oder Clown verkleiden. Du trittst vor die Zuschauer, in der Hand einen Stab, auf dem ein Eierkarton steckt. Hilft dir ein Freund, kommt er jetzt dazu, öffnet die Schachtel, entnimmt ein Ei und zerschlägt es auf einem Teller.

Bist du allein auf der Bühne, bittest du einen Zuschauer um Hilfe. Du gibst ihm ein Ei aus der Schachtel und läßt es zerschlagen. Nun balancierst du den Stab mit der geöffneten Eierschachtel konzentriert auf dem Finger, anschließend auf dem Kinn. Dabei kannst du noch in die Knie gehen. Beim Aufstehen scheinst du die Kontrolle über den Stab zu verlieren.

Der Stab schwankt bedrohlich, du machst einen Satz nach vorne auf die Zuschauer zu. Die Eier fallen aus der Schachtel ... und bleiben kurz über den Köpfen der erschreckten Zuschauer hängen.

Du brauchst:

- einen Rundholzstab mit ca. 8 mm Durchmesser und 1 m Länge
- ein Sperrholzbrettchen, 4 mm dick und 13 × 8 cm groß
- etwas Holzleim
- eine Eierschachtel, am besten für sechs Eier
- fünf Plastikeier (ausgeblasene Eier kann man zwar auch nehmen, aber die zerbrechen zu schnell)
- ein rohes Ei

Von dem Brettchen sägst du die Ecken ab (siehe Bild) und bohrst in die Mitte ein Loch, in das dein Rundholz genau paßt. In das Loch streichst du etwas Leim, bevor du den Stab hineinsteckst. Jetzt mußt du alles noch gut trocknen lassen.

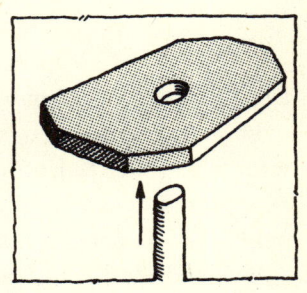

In der Zwischenzeit befestigst du an den Plastikeiern je einen ca. 40 cm langen Faden. Dazu knotest du einen Faden an ein halbes Streichholz und steckst das Streichholz durch das Loch im Ei.

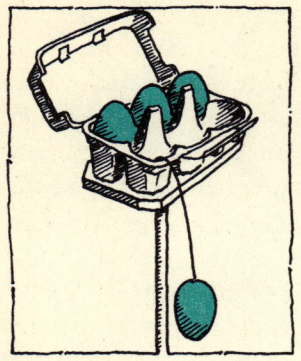

Mit einer Nadel ziehst du den Faden durch den Eierkarton und verknotest ihn so, daß das Ei ungefähr 30 cm heraushängen kann. Schon ist das erste Ei befestigt.

Der Eierkarton wird nun gut auf dem Brett festgeklebt. Er kann zwar ruhig etwas wackeln, da es dann spannender wird, aber er darf nicht herunterfallen.

Das rohe Ei in der Packung mußt du mit einem Bleistiftpunkt kennzeichnen, damit nur du es erkennst. Mit diesem Trick hast du bestimmt großen Erfolg.

Akrobatik und Jonglage

Man kann auch Akrobatik und Jonglieren verbinden. Dazu brauchst du kein Turnspezialist zu sein. Es gibt ein, zwei Akrobatikfiguren, die ganz einfach sind und die ihr bestimmt schnell könnt. Am Anfang ist es trotzdem gut, wenn jemand dabei ist, der euch beim Aufsteigen halten kann.

Als erstes könnt ihr diese Figur probieren:

Einer kniet sich auf den Boden und stützt sich mit den Armen ab. Der zweite steigt vorsichtig auf den Po vom ersten. Nicht auf den Rücken!

Euer Helfer kann die Hand zum Halten anbieten. Ist man erst einmal oben, steht man relativ sicher und kann dann z. B. mit Tüchern oder Bällen jonglieren.

Schultersitz

Gibst du eine Vorstellung, bei der auch Erwachsene zuschauen, hol dir einen aus dem Publikum. Du kannst ihm, vielleicht mit Hilfestellung, auf die Schultern steigen (je umständlicher, desto witziger) und dich bequem hinsetzen. Du hast die Arme frei. So kannst du versuchen zu jonglieren. Selbst wenn das nicht klappen sollte, ist es ein Spaß.

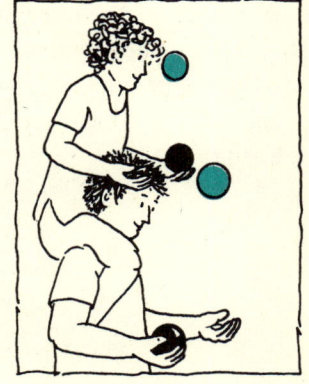

Hast du einen Partner, kann er sich vor dem Zuschauer hinknien und jonglieren. Gebt dem Freiwilligen in jede Hand ein Tuch oder einen Ring. Die Hände soll er auf und ab bewegen. Das sieht dann fast wie eine dreistöckige Jonglier-Pyramide aus.

Apfel essen

Du legst dir einen Apfel auf den Kopf (Wilhelm-Tell-Anfang, S. 78). Bleibt er dort nicht liegen, beißt du einmal hinein und legst die angebissene Seite auf den Kopf, dann liegt er sicher. Die meisten Zuschauer lachen schon an dieser Stelle.

Du läßt den Apfel herunterrutschen und beginnst mit dem Apfel und zwei Bällen zu jonglieren. Immer wieder versuchst du, während des Jonglierens in den Apfel zu beißen. Das gelingt dir natürlich nicht.

Da kommt dir die Idee: Du jonglierst zwei Bälle in einer Hand (S. 79) und beißt in aller Seelenruhe in den Apfel. Solange du kaust, kannst du ja normal weiterjonglieren.

Ganz witzig kann es auch aussehen, wenn du verschiedene eßbare Sachen jonglierst und mal da und mal dort abbeißt.

Gegenstände aus dem Publikum

Bist du es gewöhnt, unterschiedliche Gegenstände zu jonglieren, kannst du diese Nummer gut in deine Show einbauen: Du läßt dir von Zuschauern verschiedene Gegenstände geben. Das könnte ein Schlüsselbund oder ein Geldbeutel oder ähnliches sein. Du nimmst die Sachen und jonglierst kurz damit. Dann verbeugst du dich und legst die Sachen zu deinen anderen Jonglierutensilien. Natürlich gibst du sie bei Protest deiner Zuschauer zurück.

Eier jonglieren

Wenn du mit Eiern jonglierst, kannst du Zuschauer am besten erschrecken. Du nimmst ein rohes Ei, das du vorher markiert hast, aus einer Eierschachtel und zerschlägst es auf einem Teller. Dann nimmst du drei weitere Eier und beginnst mit ihnen zu jonglieren. Diese sind natürlich hartgekocht, oder es handelt sich um Jongliereier. Wenn du es dir zutraust, gehst du jonglierend durch die Menge. Auf einmal stolperst du über deine Füße, und die Eier fliegen in hohem Bogen in die meist erschrockene Menge.

Tischtennisball spucken

Du hast zwei Jonglierbälle in der Hand und einen Tischtennisball heimlich im Mund. Jongliere die zwei Bälle im Grundmuster. Ganz überraschend legst du den Kopf in den Nacken und spuckst den Tischtennisball hoch in die Luft. Möglichst ohne Unterbrechung jonglierst du mit dem Tischtennisball und den anderen Bällen weiter. Durch die Überraschung, daß ein dritter Ball dazukommt und dieser auch noch so klein ist, werden deine Zuschauer staunen und lachen.

1. Schritt

Lerne, den Tischtennisball mit den anderen Bällen zu jonglieren. Am Anfang wird es dir komisch vorkommen, weil der eine Ball so leicht ist. Aber daran gewöhnst du dich schnell.

2. Schritt

Übe dann, den Tischtennisball kontrolliert aus dem Mund hochzupusten und mit der rechten Hand zu fangen. Als nächstes hältst du einen Ball in der rechten Hand. Hast du den Tischtennisball hochgepustet, wirf den Ball aus der rechten Hand schräg nach oben, damit du den Tischtennisball fangen kannst.

Zum Schluß hast du in jeder Hand einen Ball und im Mund den kleinen Ball. Tischtennisball hochpusten, Ball aus der rechten Hand hochwerfen und losjonglieren.

Du kannst mit deinem Diabolo so spielen, als ob es dein Hund wäre, dem du Kunststücke beigebracht hast. Gib ihm einen lustigen Namen. Mit einer Trillerpfeife kannst du die Bewegungen des Diabolos begleiten, z. B. kurzer Pfiff, wenn es über deinen Fuß springt, langer Pfiff, solange es nach dem Hochwerfen durch die Luft fliegt. Du kannst es schimpfen, wenn ein Trick nicht klappt, oder belohnen, wenn alles glattläuft.

David Mostyn

Cartoons selber zeichnen

RTB 3006

Einige trickreiche Striche, und schon habt ihr einen witzigen Clown, einen treuherzig schauenden Hund oder ein heranbrausendes Auto gezeichnet. Mit den vielen Tips eines Profizeichners ist das Zeichnen von Cartoons gar nicht so schwierig!
ab 10

Hans Jürgen Press

Spiel - das Wissen schafft

RTB 3011

Kann man einen Stein sprengen? Warum brennt ein Stück Zucker nicht? 100 spannende Versuche und Basteleien, die dir helfen, die Geheimnisse der Natur zu verstehen. Mit einfachen Hilfsmitteln, die es in jedem Haushalt gibt, kann jeder die anschaulich beschriebenen Versuche nachmachen.
ab 10